市場はなぜ いつも歪んでいるのか

熊倉広志

西田書店

はじめに

　市場では，多様かつ無数の消費者や企業が自由に行動する．そして，消費者や企業の行動は市場に応じて異なり時間的にも変化する．このため，消費者行動と企業行動の集積である市場の状況は，市場に応じて異なり時間的にも変化している．それにもかかわらず，消費者行動や企業行動の差異，市場間の差異，さらには時間的な変化を超えた普遍的な構造ないし秩序が観察できる．このとき，それはどのような構造・秩序なのか，どのように生成されるのかという疑問が生じる．

　普遍的な構造ないし秩序に関する知見として，べき乗則が挙げられる．べき乗則は，様々な自然科学・社会科学分野において観察され，その創発メカニズムが考察されてきた．マーケティング研究では80/20法則として知られており，その経験的事実は幾つもの重要なマーケティング概念の背景となってきた．一方，社会科学，特にマーケティング研究や経済学において，その創発メカニズムについて大きな注意が払われることは少なかったようだ．たとえば，Krugman（1996）は「Herbert Simonは，40年以上前にこの現象を指摘していた．彼の論文はきわめて大きな影響を与えてしかるべきでありながら，時代精神に合致しなかった，書き方が適切でなかったなどのため，ほとんど無視されてきた」と述べている．さらに，Lotka（1926），Zipf（1946）に始まり，Simon（1955）で一定の成果に達したべき乗則の研究は，決して古くさい研究ではないことも強調している．べき乗則とそのメカニズムに関する研究が注目を集めてこなかった背景として，べき乗則の持つ決定論的で包括的な視点が，環境可能論と要素還元主義とを強調する戦後の社会科学分野においては，受容され難かったのかもしれない．政治・経済・社会の多様

化などを受けて，長い間無視されてきたべき乗則が改めて注目されてきている．

本書において，80/20法則に注目し，その生成メカニズムとマーケティングにおける含意を考察する．博士学位論文を起点として，その後の研究成果により修正を加えた[1]．この間，マーケティング研究においてどのように位置付けることができるか，試行錯誤の連続であった．その目標は未だに実現できていないものの，在外研究期間中，80/20法則に詳しいRussell Winer先生と様々に議論することを通じて，有益な示唆・助言を頂戴することができた．なお，データは収集上の問題から最新ではないものの，80/20法則は時間や空間を超えてあまねく観察できることから，研究成果はデータの収集時期には依存しないことを強調したい．

ここでは，べき乗モデルで表現される80/20法則をマーケティング現象へ適合させることにより，市場における普遍的な構造を考察した．具体的には，まず，市場において80/20法則が観察できることを示した後，べき乗モデルをあてはめた．次に，普遍的な市場構造を生成するシミュレーション・モデルを構築し，市場の構造を人工的に生成した．これにより80/20法則の生成メカニズムを明らかにした．最後に，経験的な視点からシミュレーション・モデルの妥当性を検討し，マーケティング戦略への実務的示唆を導出した．

まず，第1章において上述の問題意識・研究課題を述べた後，マーケティング研究において，市場の普遍的な構造ないし秩序がどのように位置付けられてきたかを整理した．次に第2章では，複雑系研究において，普遍的な構造ないし秩序としてのべき乗法則がどのように考察されてきたかを概観した．

第3章においては，パッケージ財市場において，普遍的な構造・秩序が見出されることを明らかにした．具体的には，80/20法則が

1　博士学位論文は，Kumakura（1999, 2000a, 2000b）および熊倉（1993, 2001）を発展させた．本書は，それらに加え，Kumakura（2010），熊倉（1999a, 1999b, 2002a, 2002b）を修正・発展させながら，その後の成果を追加した．

頻度分布ないし要素の順位と規模との関係として表現できることから，製品の順位と規模との関係にZipfモデルをあてはめた．そして，パッケージ財市場から得られたホーム・スキャン・パネル・データを用いて，データに対するモデルの適合性を検討した．分析結果によれば，いずれの市場・期間においてもモデルの適合度は良好であった．すなわち，パッケージ財市場における普遍的な構造として，製品の順位と規模との関係がZipfモデルによって表現できることが明らかになった．

　一方，Zipfモデルを製品の規模と順位との関係に適用する場合の問題点も明らかになった．すなわち，Zipfモデルにおいては，順位（対数）と規模（対数）との関係が線形であると考える．しかし，観察によれば，両者を上に凸の関数によって表現するほうが適当であると考えられた．そこで，第4章においては，Zipfモデルの一般型であるMandelbrotモデル（SCL: simplified canonical law）を，製品の順位と規模との関係にあてはめた．そして，パッケージ財市場から得られたホーム・スキャン・パネル・データを用いて，データに対するモデルの適合性を検討した．このとき，いずれの市場・期間においても，モデルの適合度は良好であった．すなわち，パッケージ財市場における普遍的な構造として，製品の順位と規模の関係がMandelbrotモデルによって表現できることが明らかになった．次に，Mandelbrotモデルにおけるパラメーターの含意を考察した．具体的には，製品の市場集中度と新製品の発生，および製品の成長に関連すると解釈された．これは，データ分析の結果からも支持された．

　そこで，第5章では，製品の発生確率と成長率に注目したシミュレーション・モデルとして「普遍的な市場構造の生成モデル」を構築し，80/20法則に従う市場構造が出現するメカニズムを考察した．まず，Mandelbrotモデルにおいてパラメーターが，製品の発生および成長に関係することに注目し，以下の局所的ルールを考えた．すなわち，需要が定期的に発生する．このとき，確率pで新製品が発生し，新たな売上1単位を獲得する．一方，確率（$1-p$）で，既存

製品が追加的な売上1単位を獲得する．そして，既存製品の成長率は，製品の魅力度に依存すると考える．

　次に，モンテカルロ・シミュレーションにより，製品の売上分布を生成した．このとき，観察データの売上分布と，シミュレーションから発生した人工データの売上分布は，よく一致した．観察データは，Mandelbrotモデルによく適合することから（第4章），シミュレーション・モデルから発生した人工データも，Mandelbrotモデルによく適合することになる．これより，普遍的な市場構造の生成モデルによって，Mandelbrotモデルで表現される製品の順位と規模の関係が生成されることが示された．すなわち，需要が確率的に発生し，製品が確率的に発生し，時間の経過に従って確率的に成長するとき（局所的なミクロ・ルール），市場の普遍的な構造が生成されること（マクロ現象）を明らかにした．

　ここで，需要が発生し，製品が発生・時間経過に従って成長することは，市場における当然の現象である．これより，80/20法則で表現される市場構造は，市場における必然的な現象であることになる．すなわち，本書のタイトル「市場はなぜいつも歪んでいるのか」に対する答とは，80/20法則として表現される市場の歪みは，市場におけるありふれた営みによる必然の結果であるからに他ならない．

　第6章においては，任意のパッケージ財市場を記述・分析できるパラメーターとして，製品の発生確率および成長率に注目し，その戦略的な含意を検討した．具体的には，まず，両パラメーターに注目した市場の記述・分析と市場に対する一般的な認識とが合致することを，事例を用いて示した．さらに，製品の発生と成長という視点から市場を分析することにより，戦略的な提案を導出した．本章においては，製品の発生確率と，製品の魅力度によって決定される成長率について，経験的な視点から検討することによって，局所的ルールとそれに基づくシミュレーション・モデルの妥当性を確かめた．また，戦略的な示唆を導出することによって，その有用性を示

した．なお，製品の魅力度によって決定される成長率とは，製品規模の大小に依存した製品間で異なる非対称な成長率であることに注意したい．すなわち，製品が時間経過に従って成長するとき，ある市場では，製品規模が大である製品の成長率が相対的に高い一方，別の市場では製品規模が小である製品の成長率が相対的に高いことなどである．これより，製品規模の大小に依存した非対称な成長率を市場ごとに観察できる．

　本書において，複雑系研究の視点から市場の普遍的な構造ないし秩序を観察し，その創発メカニズムを明らかにしたことは意義深い．それは，全体的・普遍的な視点から市場を考察することにより，局所的・要素還元主義的な研究が中心であるマーケティング研究に対して，有用な示唆を提供するからである．

　さらに，実務的な意義として，任意のパッケージ財市場を分析し，かつ比較できる手法を提示したことが挙げられる．すなわち，既存の市場構造分析においては，特定の市場において用いられた手法を，他の市場において用いることは可能であるものの，ある市場から得られた分析結果と他の市場から得られた分析結果を，横断的に直接比較できる手法は少なかった．ここで，新製品の発生確率と製品の魅力度とを用いることにより，横断的かつ時系列的に市場を直接に比較分析することが可能となる．一方，産業組織論において用いられるジニ係数，ハーフィンダル指数などの市場集中度の測定手法は，市場間の比較が可能な僅かな例である．しかしながら，これらの手法がマーケティング研究・実務において用いられることは稀である．さらに，製品の発生確率と非対称な成長率を考察したシミュレーション・モデルにおいて，特定の関数とルールを考えている点で，本手法はこれらの手法より優れている．すなわち，80/20法則は，市場における普遍的な構造を表現していること，パラメーターの任意の値から80/20法則に従う構造が生成されることから，パラメーターに注目して，製品の発生と成長という統一的な視点から市場を記述・分析することは，実務的かつ理論的な妥当性が高い．

　本書の刊行にあたり，これまでご指導下さった先生方にお礼申し上げます．上原征彦先生には，マーケティング研究の面白さについて，さらには，戦略的な含意や研究の進め方について教えて頂きました．また，寺本義也先生には，研究に対する姿勢，研究の方向性や表現方法などについて示唆に富んだご指導を頂きました．博士課程で，叱咤激励のもと親身にご指導下さった今田高俊先生に感謝致します．怠惰な学生であった私を，ときには忍耐と寛容をもって，ときには愛情と厳しさをもってご指導下さいました．齋藤堯幸先生には，数学および確率・統計の基礎から始まり本書の主要部分について，懇切丁寧にご指導頂きました．中井豊先生には，べき乗モデルやシミュレーション・モデルについて多々ご指導頂きました．渡辺達朗先生には，研究者として成長する機会を頂戴しました．僅かながらでも成長することができたのは，先生のご援助のお陰です．三浦俊彦先生には，自身の信じる研究を推進することの重要性と自由な研究の楽しさを教えて頂きました．力不足の私をいつも温かく見守って下さる，父のような兄のような存在と深く感謝しております．Russell Winer先生には，本書の執筆につながる有益な助言・示唆を頂戴しました．先生の高い見識と優れたお人柄に接するたび，研究者・教育者のあるべき姿を教えられます．石原昌和先生には，高度な研究手法のみならず，共同で研究することの重要性と楽しさを教えて頂きました．これからも先生の背を見ながら研究して参ります．中央大学の先生方に心よりお礼申し上げます．先生方とお会いできたことは大きな財産です．ご援助・ご助力頂くたび，私一人で研究しているのではない，先生方に支えられて今の私がいると強く実感し感謝しております．多くの方々の親身なご指導ご鞭撻に支えられたことを深く感謝致し，お礼申し上げます．最後に，データをご提供頂いた株式会社東急エージェンシーに感謝申し上げます．

市場はなぜ いつも歪んでいるのか

目　次

1 経験的な社会法則・自然法則

1.1 市場の歪みとべき乗則

　市場では，多様かつ無数の消費者や企業（主体）が自由に行動する．
そして，消費者や企業の行動は市場に応じて異なり時間的にも変化
する．このため，企業行動と消費者行動の集積である市場の構造は，
市場に応じて異なり時間的にも変化するはずである．しかしながら，
多様な企業行動や消費者行動，市場間の差異，さらには時間的変化
を超えて，あまねく市場に共通する普遍的な構造ないし秩序[1]を観
察できる[2]．

　たとえば，市場において，市場シェア（製品の規模）が大である順
に製品を並べたとき，製品規模と順位との間に不思議な関係（構造
ないし秩序）を見出すことができる．バター市場において，売上順位・
第1位は雪印乳業「北海道バター200g」であり，その金額シェア
は31%である．第2位は明治乳業「北海道バター箱200g」であり，
金額シェアは17%である．さらに，第3位は森永乳業「北海道バター
200g」であり，金額シェアは11%である（首都圏，1997年）[3]．すなわち，
売上順位・第2位の製品の金額シェアは，第1位の製品の約1/2であ
り，さらに，第3位の製品の金額シェアは，第1位の製品の約1/3で
ある．少なくとも上位3製品について，第n位の製品の市場シェア（製
品の規模）は，第1位の製品の市場シェアの1/nである．ここで，上
位3製品で市場シェアの59%を有していること，つまり市場の多く
を説明していることにも注意しよう．

　同様の現象は，シャンプー市場でも観察できる．売上順位・第1
位は日本リーバ「ラックス・スーパーリッチ750ml」で金額シェア
は7%である．第2位は花王「エッセンシャル・ダメージケア替え

550ml」で金額シェアは3%である．第3位は花王「メリット・リンスイン替え400ml」で金額シェアは2.3%である（首都圏，1999年）．さらに，バス用洗剤市場でも，第1位は花王「バスマジックリン・泡立ちスペシャル替え350ml」で金額シェアは32%である．第2位はライオン「ルックお風呂の洗剤500ml」で金額シェアは16%である．第3位は花王「バスマジックリン500ml」で金額シェアは12%である（首都圏，1998年）いずれも，第n位の製品の市場シェア（製品の規模）は，第1位の製品の規模の$1/n$である．無論，全ての市場において，第n位の製品の市場シェア（製品の規模）が，第1位の製品の市場シェアの$1/n$であるとは必ずしも限らない．ただし，売上上位の製品が圧倒的な売上を占有する一方，順位が下位になるにつれ売上が急速に小さくなる現象は，全ての市場で観察できる．

こうした現象は80/20法則（80/20 law）[4]とよばれ，市場で観察できる普遍的な構造・秩序として指摘されてきた．80/20法則とは，べき乗則（power law）のひとつであり，少数の要素（たとえば，企業，顧客，製品など）が成果（売上高，購買量，市場シェア，利益，費用など）の大半を占有する歪んだ（skew）現象を指す．すなわち，市場には多数の企業・消費者・製品などが存在するものの，それらが生み出し・占有する成果は等しくはなく，企業・消費者・製品間で大きな差異があること，少数の要素が成果の大半を創出・占有する一方，大半の要素は僅かな成果しか生み出さないことを示している．このとき，成果別の要素の頻度分布は，大いに歪んでいる．

具体的には，20%の消費者が80%の購買を行う（Schmittlein, Cooper and Morrison 1993），上位20%の顧客が企業の利益の80%を生み出す（Kotler 1997），20%の顧客が小売店の売上の60%および粗利益の64%を生み出す（中村2006），20%の顧客が73%の売上を実現する（Kim, Singh and Winer 2017），20%の顧客が67%の売上を実現する（McCarthy and Winer 2018），少数の顧客・製品・販売員・注文などが企業の売上の大半を生み出す（Hise and Kratchman 1987），少数のマーケティング組織が企業の利益の大半を生み出す（Dubinsky and Hansen 1982），企業

の売上の大半は売上規模が大である少数の製品がもたらす一方，ロングテールを構成する大半の製品の売上への貢献は僅かである（Elberse 2008），少数の企業が，広告支出量で表現される企業のマーケティング投下量の大半を支出する（熊倉1999a，1999b）などが指摘されてきた．

　事実，果汁100％飲料市場においては，上位20％の製品が83％の市場シェアを占有し，重質（洗濯）洗剤市場においては，上位20％の製品が89％の市場シェアを占有する（1999年）[5]．ここで，80/20法則は，市場や時間に依存しないのみならず，特定の要素（製品）にも依存しない．すなわち，異なる市場（たとえば，果汁100％飲料市場と重質洗剤市場）・異なる時点において観察できることに加え，市場を構成する企業や製品が大幅に変化したとしても，80/20法則は観察できる．

　市場では，毎年，多くの製品が投入され多くの製品が退出する．たとえば，重質洗剤市場において，1994年と1998年とを比較したとき，市場を構成する製品は大きく変化している．1994年における上位3製品は，花王「アタック1.5kg」，ライオン「ハイトップ1.5kg」，P&G「ウルトラアリエール1.5kg」であった．一方，1998年における上位3製品は，花王「新コンパクト・アタック1.2kg」，ライオン「スーパートップ1.2kg」，P&G「アリエール・ピュア・クリーン1.2kg」であった．市場を構成する製品が大きく変化し，異なる製品が流通しているにもかかわらず，1994年と1998年において，第1位の製品のシェアは共に25％，上位3製品の累積シェアは各々47％，52％と同水準であった．同様にビール市場には，343製品が流通していた（1999年）．このうち1990年から存続している製品は僅かに32に過ぎない．ほとんど全ての製品が入れ替わっているにもかかわらず，1990年と1999年を比較したとき，上位20％の製品の市場シェアは各々86％，87％，上位30％の製品の市場シェアは共に93％であった．時間経過に従い，市場を構成する製品は大きく変化するのみならず，消費者も入れ替わり彼らの選好や行動も変化している．さらに，こ

れに対応して企業行動も変化しているにもかかわらず，80/20法則で表現できる市場構造は変化していない.

1.2 マーケティング研究における80/20法則

　多様で無数の消費者や企業の行動を超え，個別の市場・製品さらには時間的変化を超えた普遍的な経験法則として80/20法則を観察できる．このとき，80/20法則で表現できる時間や空間を超えた普遍的な市場構造が存在するとき，どのように生成されるのか・どのような意味を有するのかなどの疑問が生じる．そこで，本書では，普遍的な市場構造として80/20法則を考えその生成メカニズムを考察する.

　一方，既存のマーケティング研究においては，特定の市場・企業を対象に，80/20法則が従う具体的現象を記述する研究や実務的有用性に照射する研究が中心であった．すなわち，企業の売上や利益をいかに増大させるかという課題の下，80/20法則に注目することによって実務的な示唆を導出してきた．具体的には，80/20法則は少数の要素が成果の大半を占有することを示すことにより，顧客・製品・取引などがもたらす価値の違いを指摘してきた．たとえば，顧客の価値は等しくなく，ある顧客は利益を企業にもたらす一方，別の顧客は利益をもたらさない（場合によっては損失をもたらす）．そこでの，最大公約数的な示唆とは，利益を増大させるためには，最も貢献度の高い要素を識別しそれを優遇せよ．一方，貢献度の低い要素は切り捨てるべきであるというものである（Wolf 1996）．これに依拠して，関係性マーケティング（Sheth and Parvatiyar 2000など），One-to-Oneマーケティング（Peppers and Rogers 1999など），カスタマー・エクイティ（Blattberg, Getz and Thomas 2001など），CRM（Customer Relationship Management），ABC分析（パレート分析）など，マーケティング研究における重要な理論や分析手法の理論的背景として機能してきた．さらには，少数の限られたブランドのみが売上・利益・顧客からの愛

顧を得ることができることを示している点で，一連のブランド研究の妥当性を支持している[6]．以上，80/20法則は，マーケティング研究において今日的意義に富む概念であることを理解できる．

　しかしながら，マーケティング研究において，80/20法則を市場における経験的法則として明示的に捉え，その性質や生成メカニズムを理論的に考察した研究は，管見の限り少ない．このことは，マーケティング研究のみならず，他分野においても同様であったようだ．たとえば，Krugman（1996）は，「Herbert Simonは，40年以上前にこの現象を指摘していた．彼の論文はきわめて大きな影響を与えてしかるべきでありながら，時代精神に合致しなかった，書き方が適切でなかったなどのため，ほとんど無視されてきた」と指摘している．さらに，Krugman（1996）以降も，経済学分野におけるべき乗則の研究は限定されているようだ．この理由として，べき乗則に注目することの政策的含意が不明であったことが挙げられる（Krugman 1996）．一方，近年では，べき乗則の従う所得分布から将来の所得分布を推定すること（高安2004）など政策的貢献がなされつつある．

　マーケティング研究においては，80/20法則から導出される実務的示唆が注目される一方，時間や空間を越えてあまねく市場で成立することの含意や生成メカニズムが注目されることは稀であった．この背景として，マーケティング研究における問題意識があると考えられる．マーケティング研究における特徴として，以下の諸点を指摘できる．まず，異質性への注目が挙げられる[7]．経済学・経営学・心理学・社会学・工学などから概念を借用することが多かったマーケティング研究において，独自の傑出した概念として「細分化」と「差別化」を指摘できる（Sheth, Gardner and Garrett 1988）．ここでは，市場間・消費者間・企業間・製品間の異質性に注目し，競合製品といかに差別化するかが検討されてきた．そして，異質性が注目される一方，市場の持つ普遍的な性質が論じられることは少なかったようだ．

　第二の特徴として，要素還元主義に基づくことが挙げられる．た

とえば，マーケティング研究における最も中心的な概念として，4P
がある．これは，マーケティング施策を製品・価格・流通経路・プ
ロモーションの4つの要素に還元し，それらとマーケティング成果
との関係を考えようとする．

　さらに，第三の特徴として，市場や消費者は操作可能であると考
えることが挙げられる．マーケティング研究における中心的課題の
ひとつは，市場創造にある．ここでの関心とは，市場は外的に操作
可能であるという前提のもと，市場規模をいかに拡大し，それを獲
得するかにある．たとえば，上述の4Pを外生変数として変化させ
ることにより，市場や消費者を操作しようとする．

　以上，既存のマーケティング研究においては，市場・消費者・企
業・製品間の異質性に注目しながら，マーケティング施策を要素に
還元し，それらを外的に操作することによって，個別企業や個別製
品の課題をいかに解決するかが考察されてきた．一方，80/20法則は，
時空を超えて成立する点で異質性というより一般性・普遍性が強調
される．すなわち，消費者や企業が自由に行動し，またその行動は
市場に応じて異なるにもかかわらず，行動の集積である市場におい
ては普遍的な構造ないし秩序が存在する．そして，この構造は，個
別の市場や製品に依存しないという点で，外的に形成されるのでは
なく，市場内部の自律的メカニズムから形成されることが示唆され
る．さらに，80/20法則で表現される市場の構造が普遍的であり市
場の自律的メカニズムから生成されるならば，外的に操作すること
は困難である．以上，マーケティング研究における中心的な問題意
識と，80/20法則の生成メカニズムを考えることはときに相容れな
い部分もあったのかもしれない．

　一方，マーケティング研究においても，べき乗則を中核的に考察
してきた複雑系研究への関心（北中2005）や，複雑系研究の中核的
概念である要素間の相互作用への関心が高まってきている（Iacobucci
1996）．さらに，インターネット時代を迎え，ネットワーク分野に
おいて，80/20法則を包含するべき乗則への関心が高まってきた．

そして,「べき乗分布を生むメカニズムについての新仮説が,(サンタフェ研究所では) ほとんど1日おきに講義されていた」(Mitchell 2009). そこで,本書では,80/20の法則を時間や空間を超えて成立する市場における経験法則として捉え,その生成メカニズムを考察する. さらに,マーケティングにおける含意を検討する.

1.3 本書の課題と構成

ここでは,市場において普遍的な構造ないし秩序が観察できることを明らかにした後,マーケティング研究の視点から,その含意と生成メカニズムとを考察する. 本書の僅かな貢献として,要素還元主義に基づきながら市場間の異質性 (局所性) を強調し,市場の操作可能性を追求してきた既存のマーケティング研究に対して,市場が自己組織 (self organization) 的[8]に普遍的な構造を生み出していくメカニズムを示すことにより,新たな視点を提供できることを挙げられる.

ここでは,複数の方法論[9]を採用することにより,不確実性と多様性に富む社会現象を,多面的かつ的確に捉えようとする. まず,様々な市場を観察すること (すなわち観察帰納法) により,市場が従う普遍的な構造ないし秩序を明らかにする (3章・4章). 次に,その考察結果に基づいて構成モデルを構築し,普遍的な構造の生成メカニズムを考察する (仮説演繹法:5章). 最後に,市場の普遍的な構造の含意を経験的な視点から検討し,戦略的な示唆を導出する. これにより,本研究での議論の妥当性を吟味する (意味了解法:6章).

ここでは,世帯単位で購買され購買頻度が高く単価の低いパッケージ財[10]市場から得られたデータを用いる. そして,分析単位として製品,具体的にはSKU (Stock Keeping Unit) を考える. ここで,本書で利用するデータが収集から長期間経ていることは,問題とはならないことを強調したい. それは,前述のように,時間や空間を超えてあまねく市場に共通する構造が観察できること,さらに

80/20法則として表現できる市場の構造は，前述のように，要素が入れ替わり変更されているにもかかわらず（多数の新製品が投入され，多数の古い製品が廃れ，大半の製品が入れ替わっている），時間的に頑健であることによる．

　本書の構成は，以下の通りである．まず，べき乗モデルおよび80/20法則に関連する研究を概観する（2章）．次に，べき乗モデル（Zipfモデルおよび Mandelbrot モデル）により，市場の普遍的な構造として80/20法則を定式化した後，理論的な含意を整理する．そして，データを用いて，モデルの適合性を検討する．次に，普遍的な構造が存在するとき，そのマーケティング上の含意を考察する（3章・4章）．さらに，考察結果に基づいて，市場の普遍的な構造が発生するメカニズムを考察する．すなわち，べき乗モデルにおけるパラメーターの含意（具体的には，製品の発生確率，製品の規模に応じた非対称な成長率）に依拠した構成モデルを構築し，シミュレーションによって市場構造が創発するメカニズムを明らかにする（第5章）．このとき，もし人工データが観察データに適合するならば，パラメーターの含意に依拠したアルゴリズムは，80/20の法則の生成メカニズム（のひとつ）を示すことになる．最後に，パラメーターの含意（製品の発生確率と製品規模に応じた非対称な成長率）に依拠しながら，普遍的な市場構造が有する意味について経験的な視点から検討し，マーケティング戦略への提案を導出する（6章）．

2. 80/20法則を巡る諸研究

　本書における問題意識とは，消費者や企業が自由に行動し，また
市場に応じて行動は異なるにもかかわらず，それらの集積結果であ
る市場においては，普遍的な構造ないし秩序を観察できるのではな
いか，それはどのように生成されるのかである．このとき，複雑系
研究の視点が有用である．それは，市場とそこで行動する消費者お
よび企業を，複雑系として捉えることができること，複雑系研究に
おいては，普遍的な秩序がどのように形成されるかを考察しようと
することなどによる．そこで，複雑系研究の視点から市場現象を考
察することを試みる．

2.1　複雑系研究

　まず，複雑系（Complex System）研究[11]における関連研究を外観する．
複雑系研究の中心的な課題は，社会秩序の自己形成である（塩沢
1997）．そこでは，自己組織化システムとして，様々なエージェン
トの自由な行動を通じて（外部からコントロールすることなく）秩序が
自発的に形成される現象を考察する（Krugman 1996）．たとえ社会的
現象（たとえば，言語や慣習法）であっても，人間が意図して構築し
た結果ではなく，様々な行動の結果として自然に生成されたと考え
る（塩沢1997）．ここで，複雑系についての最も一般的な定義は以下
の通りである．すなわち，系を構成するエージェントの数は中程度
であること，エージェントは知性を有していること，エージェント
は，局所的な情報に基づき相互作用することである（Epstein and
Axtell 1996; Casti 1998）．もしくは，システムを構成する要素は各自の
ルールに従って機能しており，局所的な相互作用によって全体の状

態・振る舞いが決定され，それらの全体的な振る舞いの下，個々の構成要素のルール・機能・関係が変化するシステムである（井庭・福原1998）．

　このような性質によって，エージェントが相互に作用する集合体となったとき，各々の振る舞いを単純に拡大して考えられる行動とは，異なる集団的行動が生成される．すなわち，エージェントが集まったとき，個々のエージェントの性質からはただちに推測できない新たな性質や能力が生まれる．たとえば，個々の脳細胞は考える力を持たないが，それが集まって脳という系を形成したとき，思考する能力を持つようになることなどである．

　個々のエージェントの振る舞い（これを局所的なルールとよぶ）が与えられたエージェントから構成された系において，局所的なルールからはただちに推測できないマクロな振る舞いが自発的に生じる現象を創発（emergence）と呼ぶ（Krugman 1996）．そして，複雑系研究の最大の目標は，単純な局所的（local）ルールが，どのようにして大域的（global）な構造を生み出すかを理解することである（Epstein and Axtell 1996; 岸田1998, 2000）．すなわち，創発のメカニズムを明らかにすることにある．一方，要素還元主義においては，系の全ての現象は，それを構成する個々の要素の性質から説明できるとされている．この点で，創発は，要素還元主義の限界を超えた概念である．

　複雑系の定義および概念に接するとき，消費者や企業の行動とその集積結果である市場を複雑系として捉え得ることができることに気がつく．すなわち，消費者および企業は，限定された情報と限定された情報処理能力に基づいて，相互作用しながら行動している（熊倉1993）．そして，市場においては，消費者と企業の相互作用を通じて，個々の消費者や個々の企業の思惑を超えた集団行動が発生することが少なくない[12]．たとえば，具体的な集団行動の例として，流行現象が挙げられる．流行のファッションを採用する消費者は，流行を発生させる（ないし流行を廃れさせる）ことを意図して行動している訳ではないが，彼らが採用することにより結果として流行が

発生する．さらに，もし消費者全員が流行を採用しようと意図する
とき，流行は飽きられ廃れてしまうだろう．

　さらに，複雑系研究の主要概念として，創発がある．そして，創
発の代表的例として，消費者の選好の時間的な変化が挙げられる（井
庭・福原1998）．すなわち，個々の消費者の行動やコミュニケーショ
ンにより，社会全体の選好が決定される一方，社会全体の選好は，
個々の消費者に影響を与え，彼ら・彼女らの選好が変化する．この
点で，創発やその上位概念である複雑系研究は，マーケティング研
究と親和性が高い．

　Krugman（1996）は，複雑系とは自己組織化システムであり，こ
の系においては，均質な状態あるいはランダムな状態から，やがて
大規模な秩序を形成するとしている．すなわち，複雑系においては，
①無秩序（または不安定な秩序）から生じる秩序，または，②確率的
な成長から生じる秩序が示されている．以下，秩序がどのように形
成されると考えられてきたか，メカニズムを概観する．

2.1.1　不安定な秩序から生じる秩序

　まず，①無秩序（または不安定な秩序）から生じる秩序について概
観する．無秩序な状態は，ランダムなショックによって不安定にな
りやすいため，初期の無秩序な状態は自然に組織化される．たとえ
ば，バケツにゴルフボールとピンポン玉とを混ぜ入れたとする．こ
こで，バケツを揺さぶることにより，ゴルフボールはバケツの下部
へ，ピンポン玉はバケツの上部へ移動する．このとき，不安定な秩
序はより安定した秩序へと移行したことになる．同様の現象として，
熱対流（たとえば，鍋で水を熱すると，やがて亀甲型の対流パターンが現れ
る），生物の形態生成（たとえば，受精卵が自然と規則正しく分割を繰り返
し，秩序だった状態に発展していく），温度変化により磁性体・非磁性
体間の変化が発生する（イジング・モデル）などを指摘できる．さらに，
社会現象として，Krugman（1996）は，都市の形成，景気循環など

第2-1図

a) 均衡状態からの乖離

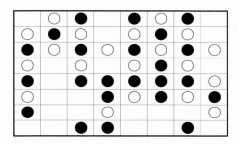

b) 完全に融合した都市

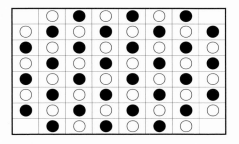

c) 分離された都市

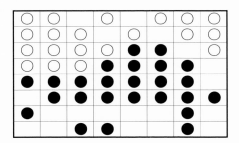

出所) Krugman (1996)

を指摘している．

　このメカニズムに注目して，社会現象を考察した研究として，Scheling（1978）による都市分離モデルが挙げられる．ここでは，チェス盤に黒人の住居と白人の住居とを配置した後（第2-1a図），「少なくとも37%の隣人の肌の色が同じでなければ，住民は住居を移転する」という簡単な局所的ルールを与えた．このとき，住民の配置が均衡状態（第2-1b図）にない限り，黒人と白人の住居は完全に分離する大域的（global）な秩序が出現することを示した（第2-1c図）．すなわち，個人は同じ肌の色の隣人を望むという簡単な局所的ルールを考えることによって，黒人と白人の混住という不安定な秩序から，黒人と白人の分離という新たな秩序が創発される．なお，複雑系研究には，価値判断が含まれていないことに注意したい（Krugman 1996）．すなわち，このモデルは，あくまで自己組織化ないし創発メカニズムを考察するものであって，黒人と白人との分離を正当化するものではない．

2.1.2　ランダムな成長から生じる秩序

　次に，ランダムな成長から生じる秩序について概観する．具体的なメカニズムとして，時間経過に従う要素の確率的な成長，もしくは衝突・破壊など時間経過に従う要素の確率的な変化が示されてきた．このとき，要素間の相互作用により，べき乗則に従う現象が生成される（井庭・福原1998）．このメカニズムに従う自然現象・社会現象として以下が挙げられる．

　まず，自然現象においては，地震の規模とその頻度に関する経験則として，グーテンベルク・リヒター法則（Gutenberg and Richter 1944）がある．すなわち，

$$f(E) = b_1 E^{-a_1} \qquad (2\text{-}1)$$

ただし，

$$E : 地震のエネルギー（規模），$$
$$f(E) : エネルギーがEである地震の頻度$$

が成立する．そして，パラメーターa_1の値は，地域によらず約1.5であることが知られている．これより，マグニチュードが小規模である地震は頻繁に発生するが，大規模な地震は滅多に発生しない．同時に，滅多に発生しない大規模な地震が，累積的な地震規模の大半を占有することになる．

　さらに，自然現象においてべき乗モデルに従う他の自然現象として，地球に到達する隕石の規模と頻度（Krugman 1996），ある国における湖の規模と順位（武者1980），雪崩の規模と頻度（香取1997），地球に到達する隕石の規模とその頻度（Krugman 1996），生物学上の「属」に属する種の数とその頻度，月のクレーターの大きさと頻度（青山他2007），太陽フレアの強度と頻度（青山他2007），（破壊エネルギーが大であるときの）物体の破片の規模と頻度（國仲・小林・松下2011）などが挙げられる．

　また，社会現象においては，論文の執筆に関する法則としてLotka法則（Lotka 1926）がある．すなわち，

$$f(s) = b_2 s^{-a_2} \quad (2\text{-}2)$$

ただし，

$$s : 論文数，$$
$$f(s) : s本の論文を執筆した研究者の数$$

が成立する．

　さらに，都市の人口規模に関する法則として，Zipf法則がある（Zipf 1946）．すなわち，

$$s(r) = b_3 r^{-a_3} \quad (2\text{-}3)$$

ただし，

r：都市を人口規模の大きい順に並べたときの順位，

$s(r)$：順位がr位である都市の人口規模

が成立する．そして，パラメーターa_3の値はおおよそ1であること
が知られており，わが国をはじめ，様々な国・地域，時期において
成立することが明らかになっている（Guseyn-Zade 1977；Kikuchi 1986；
Rosen and Resnik 1980；高阪 1978；鈴木 1972）．たとえば，人口規模が第1
位である東京特別区部の人口が974万人，第2位である横浜市の人
口は378万人（第2位の都市の人口は第1位の1/2弱），第3位である大阪
市の人口は275万人（第3位の都市の人口は第1位の1/3弱），第4位であ
る名古屋市の人口は233万人（第4位の都市の人口は第1位の1/4），第5
位である札幌市の人口は198万人（第5位の都市の人口は第1位の1/5），
さらに第6位である福岡市の人口は161万人（第6位の都市の人口は第
1位の1/6）である（国勢調査，2020年）．このとき，第n位の都市の人
口規模は，第1位の都市の人口規模の1/nとなっている．さらに，
米国では，人口規模が第10位の都市であるヒューストンの人口は
385万人であり，第100位であるワシントン州・スポーケンの人口
は37万人である（第100位の都市の人口は，第10位の都市の人口の1/10）．
これは，少なくとも1890年以降の米国で当てはまる（Krugman
1996）．

　80/20法則は，パレート法則に起源する．パレート法則は，ある
国における富の偏在（所得分布の歪み）を記述する．考案当初，少な
くとも欧州各国において経験的に成立した（Lowther 1998）．たとえば，
パラメーターa_4の値は，英国では1.50（1843年），プロシアでは1.89
（1852年），バーゼルでは1.24（1887年）などである（木村2005）．なお，
全ての要素の規模が異なるとき，パレート法則は，（2-3）式・Zipf
法則と数学的には等しい．

　その他，普遍的な秩序・構造として多くの現象が報告されている．
たとえば，企業の規模とその頻度，または企業の規模とその順位（Ijiri
and Simon 1964；Simon 1955；Simon and Bonini 1958；Quandi 1966; Ramsden

and Kiss-Hayppl 2000; Hernandez-Perez, Angulo-Brown, and Tun 2006; Perez-Mesa and Galdeano-Gomez 2009; Pascoal, Augusto and Monteiroa 2016; 青山他2007など多数），世帯納税額（規模）と順位（山本・宮島2001），ある国における国別の年間輸出（輸入）額と相手国の順位（武者1980），学術誌に掲載された論文数と学術誌の順位，ある英文中の単語の出現数と単語の順位，Webサイトのアクセス数（規模）と順位（中井1988；宇野2006），図書館の蔵書規模と図書館の順位（石井1990a；石井 1990b），または図書館の蔵書数（規模）と蔵書数別の図書館の頻度，論文の執筆本数（規模）と本数別の著者の頻度（Lotka 1926），株価の変動の大きさ（規模）と頻度（高安2004），企業の申告所得額の規模と頻度（青山他2007），家計の収入規模とその頻度などがある．なお，べき乗モデルについては，Haitum（1982a; 1982b; 1982c）が整理している．さらに，具体的な社会現象は，Chen and Leimkuhler（1986）に詳しい．

　ランダムな成長から生じるべき乗法則のメカニズムは，未だに一般化されてはいないものの[13]，その背景として，①時間の経過に従って成長すること，または，②個々の要素の成長は確率的であることなどが示唆されている（Krugman 1996）．そして，これに依拠して様々なモデルが示され，具体的な現象が考察されてきた．

パーコレーション・モデル

　確率的な成長から生じる秩序を考察した最も代表的なモデルとして，パーコレーション・モデルが挙げられる．ここでは，森林火災の延焼，伝染病の伝播，金属と絶縁体における電流の流れ，多孔質の物質における液体の広がり，景気循環などが考察されてきた．具体的なモデルは以下の通りである．

　まず，無限の大きさを持つ2次元平面を考える．ここで，線分ないし線の交点を，ボンド（bond）ないしサイト（site）と呼ぶ．任意のボンド（サイト）を中心と考え，ここに，たとえば黒石を置く．これは，森林火災であれば火災の発生を，伝染病の伝播であれば最初の発病者を意味する．そして，各ボンド（サイト）上に確率

p（$0 \leqq p \leqq 1$）で黒石を配置し，確率（$1-p$）で白石を配置する．そして，中心の黒石からボンド（サイト）で連結された黒石のかたまりをクラスターと呼び，クラスターの大きさを，クラスターを形成している黒石の数で表す．森林火災であれば，クラスター内に火災が広がったことを意味する．

　ここで，クラスターの大きさが無限大になる確率を浸透確率と呼ぶ．クラスターが無限であることは，たとえば，電気の伝導度を考察する場合には，電気が流れることを意味する．そして，浸透確率がゼロから正へと変化する確率pを臨界確率[14]と呼ぶ．臨界確率の状態では，黒石のパターンが自己相似性（フラクタル性）を有すること，すなわちべき乗法則に従う秩序が創発することが報告されている．

自己組織化臨界モデル

　パーコレーション・モデルにおいては，確率pをパラメーターとして外的に操作することによって，臨界状態に到達し，べき乗法則に従う現象が創発した．他方，パラメーターを操作することなしに臨界現象が創発するモデルも考案されてきた．外部からのパラメーターを操作することなしに自然に臨界状態に至る現象を，自己組織化臨界現象と呼ぶ．自己組織化臨界現象を考察したモデルとして，地震の発生メカニズムを考察した自己組織化臨界モデル（Bak and Tang 1989）が挙げられる．ここでは，自己組織的に臨界状態に到達し，地震の規模と頻度とがべき乗法則に従う現象が創発することが示された．

　彼らは，地震がある種の連鎖反応によって引き起こされると考えた．多くの地殻ブロックからなる土地を仮定する．このとき，地殻ブロックは，相互摩擦によって生じる圧力のもとにある．圧力があるレベルを超えると，地殻ブロックがすれ始め，それによって隣接する地殻ブロックに圧力が加わる．そして，隣接する地殻ブロックの圧力があるレベルを超えると，その地殻ブロックもずれ始め，さ

らに隣接する他の地殻ブロックにも圧力が加わり，その地殻ブロックもずれ始める．こうした地殻ブロックのずれが連鎖的に発生することになる．これが地震の発生メカニズムであると考えた．

　具体的には以下の通りである．まず，無限の大きさを持つ2次元平面上にセル (x, y) を考える．そして，①任意のセル (x, y) を一つ選び，力を1単位ずつ加える．③で考える1回目の地震が発生するまで力が加えられ続ける．②この時，セル (x, y) に加えられた力の合計を $Z(x, y)$ とする．③$Z(x, y)$ は閾値（= 3）を有しており，閾値を超えた時（= 4），セル (x, y) で地震が発生し，力が上下左右のセルに転移する．すなわち，地震発生によりセル (x, y) の力が4から0に減少し，力が1ずつ周囲4つのセルに転移する．これにより，周囲のセルの力の合計が1ずつ増加する．④もし，力の転移先でも閾値を超えた場合，そこでも同様に地震が発生し，力の転移が起こる．⑤どのセルにおいても地震が発生しなくなった時，1回の試行が終了する．⑥このとき，地震が発生したセルの数で，地震の規模（エネルギー）が測られる．以上の試行①〜⑥を繰り返したとき，そこから得られた地震の規模とその頻度は，（2-1）式に従うことが明らかになっている．すなわち，地震の発生分布がべき乗法則に従う普遍的な秩序が創発する．

企業の規模分布の創発（Simonモデル）

　都市分離モデル，パーコレーション・モデル，自己組織化臨界モデルはいずれもセルオートマトンの一種であり，アルゴリズムに空間（セル）を取り入れる．他方，空間を扱わない確率モデルを用いて，自己組織化臨界現象を考察したモデルとしてSimonによる一連の研究が挙げられる（Ijiri and Simon 1964; Simon 1955; Simon and Bonini 1958）．ここでは，企業の規模と頻度ないし企業の規模と順位とが，べき乗法則に従うメカニズムを考察した．

　Simon（1955）は，①追加的な売上が発生したとき，確率 π で新たな企業が発生し，確率 $1-\pi$ で既存の企業が売上を獲得すること，

②各々の企業が追加的な売上を獲得する確率は，企業規模に比例する（企業の成長率は規模に依存しない）ことを考えた．これより，上述べき乗法則に従う秩序が創発することを明らかにした．なお，第3章では，本モデルに発展させたアルゴリズムを提案する．

Simonモデルの発展

　Simonによる一連の研究においては，企業は，規模とは無関係に成長すると考えた．一方，規模に応じて成長率が異なることを取り入れ，普遍的な秩序を創発するメカニズムを考察した研究として，中井（1998）が挙げられる．ここでは，インターネット空間におけるウェブ・サイトの成長過程を考察した．具体的には，ウェブ・サイトの魅力度qを考え，ウェブ・サイトの成長率は，規模のq乗に比例すると考えた．一方で，ウェブ・サイトにおける普遍的な秩序を創発するメカニズムを考察したものの，そのアルゴリズムを示すにとどまった．すなわち，べき乗法則を明示的に取り上げることなく，普遍的な秩序を創発するメカニズムの含意については言及しなかった．

　中井（1998）のアルゴリズムを実装することにより，Zipfモデルを一般化したMandelbrotモデル（SCL: simplified canonical law）に従うデータを生成できる．Mandelbrotモデルは3つのパラメーターから構成されており，うち2つが重要である．ひとつは新しい要素（たとえば，企業）が発生する確率（Simon 1955）を意味する一方，二つ目のパラメーターの含意について考察した研究は稀であり，含意の解釈について，管見の限り一致していないようだ．本パラメーターの含意を考察した僅かな研究として，企業の規模と順位との関係を論じたRamsden and Kiss-Hayppl（2000）とその後継研究（Hernandez-Perez, Angulo-Brown and Tun 2006; Perez-Mesa and Galdeano-Gomez 2009; Pascoal, Augusto and Monteiroa 2016）が挙げられる．ここでは，本パラメーターは，企業活動における市場の競争状態や市場におけるニッチ（niche）の存在と関連することが示唆されている．そこで，第4章において，

本モデルをさらに発展させながら，パラメーターの持つマーケティング上の含意について検討する．

　以上，べき乗モデルは様々な対象や分野において適用が試みられ，普遍的な秩序が指摘され，その生成メカニズムが考察されてきた．ここで，Lotka（1926）やZipf（1946）に始まり，Simon（1955）で一定の成果に達したべき乗法則の研究は，決して「古くさい」研究ではないことを強調したい．べき乗則の持つ決定論的でかつ包括的な視点が，環境可能論と要素還元主義とに支配された戦後の社会科学分野においては，受容され難かったようだ．
　インターネット時代を迎え，ネットワーク分野において，80/20法則を包含するべき乗則への関心が高まってきた．次数（link）分布の生成メカニズムが多数提案されるようになってきた．たとえば，BAモデル（Barabashi and Albert 1999），閾値モデル，PRPモデルなどである．すなわち，「べき乗分布を生むメカニズムについての新仮説が，（サンタフェ研究所では）ほとんど1日おきに講義されていた」（Mitchell 2009）．

2.2　マーケティング研究への適用

　マーケティング研究において，80/20法則への接近は幾つかに大別できる．まず，具体的なマーケティング示唆の導出に向け，マーケティング要素（企業・製品・消費者など）の外形的な歪み（skewness）に注目する研究が挙げられる．次に，マーケティング研究の視点から，80/20法則の生成メカニズムを考察する研究である．
　前者は，80/20法則が市場で成立するとき，マーケティングの効果や効率を高め企業の生産性や収益性を改善するために，外形的な歪みに注目して個別具体の要素を識別しようとする．たとえば，Dubinsky and Hansen（1982）は，62社について，売上高・販売員数・顧客数・製品数を調査し，企業の収益性を高めるためのマーケティ

ング戦略を導出した．また，Hise and Kratchman（1987）は，多様な要素（顧客・販売員・製品・注文・配送・広告・販売地域）について収益性と効率性を高めるための，具体的な戦略を提案した．そこでの最大公約数的な示唆は，企業は，各マーケティング要素（たとえば，顧客）の収益性や効率性を識別し，より収益性や生産性の高い顧客を自社のマーケティング対象とし，そうではない顧客を省くことで業績を向上させるようとする（Wolf 1996）．

　一方，マーケティング研究の視点から，80/20法則の生成メカニズムを考察しようとする研究では，80/20法則の構造，影響を与える要因，メカニズムなどが議論されてきた．まず，80/20法則において歪みの程度に影響を与える要因を探索する研究が挙げられる．たとえば，Kim, Singh and Winer（2017）は，80/20法則は（少なくとも）消費者向けパッケージ財市場において観察できる経験則であることを確認した後，消費者の行動（購買頻度・金額），ブランドのポジショニング，プロモーション，競争の程度などが，80/20法則の歪みの程度に影響を与えることを示した．また，McCarthy and Winer（2018）は，カテゴリー，ビジネスのタイプ，1回当たりの注文量などが，80/20法則の歪みに影響を与えることを示した．80/20法則の生成に影響を与える要因を探索したと評価できる一方，生成メカニズムそのものに注目したわけではなかった．

　そして，80/20法則の生成メカニズムを，マーケティング研究の視点から考察した数少ない研究として，Schmittlein, Cooper and Morrison（1993）が挙げられる．そこでは，80/20法則を顧客についての歪んだ分布と捉え，購買履歴データを用いて，一定期間における顧客の購買量の分布を推定した．その際，当該分布はデータの収集期間によって変化することから，負の二項分布（NBD）モデルによって真の（長期的な）分布を推定しようとした．

　その他，複雑系の視点からマーケティング研究を再構成しようとする挑戦的な試みもなされてきたものの（たとえば，北中2005），マーケティング上の含意の解釈・検討について未だ発展途上にあるよう

に思える．以上，80/20の法則を普遍的な市場構造として明示的に捉え，その性質をマーケティング研究の視点から考察した研究は積み重ねられつつあるもののごく僅かであったようだ．

3 Zipfモデルによる分析

3.1 はじめに

　ここでは，パッケージ財市場において，経験的法則として80/20法則が観察できることを明らかにする．前述のように，市場では少数の要素（たとえば，製品）が成果（たとえば，売上）の大半を占有する歪んだ現象を観察できる（80/20法則）．一方，べき乗モデルの本質は，歪みの記述にある（岸田1988）．すなわち，歪んだ分布に従う現象の観察・その定式化・モデル化などが中心的な課題となる．そこで，まず，製品の順位と規模の関係についてべき乗モデルを用いて定式化する．本章ではべき乗モデルとしてZipfモデルを考え，さらに，次章においてはその一般型であるMandelbrotモデル（岸田1988）を考える．

　次に，ホーム・スキャン・パネル・データを用いてパラメーターを推定し，データに対するモデルの適合性を検討する．このとき，全ての製品を対象とする場合と，規模のごく小さい製品を除去する場合とを検討する．そして，パッケージ財16市場を対象に，1994年と1998年の2年間を観察するとき，いずれの市場・期間においても，データに対してモデルが適合するならば，パッケージ財市場における普遍的な構造として，製品の順位と規模との関係がZipfモデルに従うことを指摘できる．

3.2 モデルの表現とその理論的含意

　まず，市場の普遍的な構造を説明するモデルとして，べき乗モデルを考える．べき乗モデルに注目する理由は以下の通りである．本

書では，市場における普遍的な構造を考察しようとする．そして，複雑系研究においては，普遍的な構造ないし秩序の考察に際して，べき乗モデルが用いられてきた．

　また，べき乗モデルは，組織や集団における歪み（たとえば，突出した人口規模を有する都市の存在）を記述しようとする．そして，市場においても，突出した規模を有する企業・製品などが存在する．このため，市場におけるマーケティング現象についても，べき乗モデルを適用できる可能性がある．以上により，本書では，べき乗モデルを用いて市場の普遍的な構造を分析することを試みる．

　べき乗モデルには異なる表現がある．すなわち，横軸に規模・縦軸に頻度をとる度数分布による表現と，横軸に順位・縦軸に規模をとる順位規模による表現とがある[15]．さらに，順位規模による表現には，Zipfモデルとその一般形であるMandelbrotモデルとがある．Zipfモデルを，市場における製品の順位と規模との関係[16]について表現すれば，

$$s(r) = br^{-a} \qquad (3\text{-}1)$$

ただし，

r：製品を規模の大きい順に並べたときの順位，

$s(r)$：順位がr位である製品の規模

$1 \leq r \leq N$

N：製品数

$0 < a,\ b$

となる．なお，Nは，当然に有限な正整数である．本章では，（3-1）式・Zipfモデルについてパラメーターを推定しデータに対する適合性を検討する．次に，第4章において，Mandelbrotモデルについて同様の試みを行う．

3.2.1 要素の発生と成長に注目したモデル（Simonモデル）

　ここで，Zipfモデルにおけるパラメーターの含意を検討する．前述のように，順位と規模との関係がZipfモデルに従う様々な現象が見出されてきた．Simon（1955）は，新たな要素（都市や企業など）が定期的に発生し，規模とは無関係に成長するとき，上述の現象が出現すると考えた．具体的には，都市の場合，新たな都市が一定の確率で発生し（仮定1），比例効果の法則[17]に従って，都市の規模が成長するとき（仮定2），次のZipfモデルが成立と考えた．

$$s(r) = br^{-a} \qquad (3\text{-}2)$$

ただし，

$$r：都市の順位，$$
$$s(r)：順位r位である都市の規模$$

ここで，パラメーターaは，都市が新規に発生する率と関係がある．

　Fujita, Krugman and Venables（1999）は，都市を例に，これを簡潔に説明している．まず，

$$N(S) = BS^{-\alpha} \qquad (3\text{-}3)$$

ただし，

$$S：都市の規模，$$
$$N(S)：S以上の規模を有する都市の数$$

とする．ここで，モデルの特徴を近似的に考察するために，$N(S)$を連続数として扱う．このとき，$N(S)$は連続的な累積分布としてみなせるから，それをSで微分したものは都市の密度関数となる．

$$n = -\alpha BS^{-\alpha-1} \qquad (3\text{-}4)$$

ここで，

n：規模がSである都市の数

となる．規模に対する都市の数の弾力性は，

$$\frac{\dfrac{dn}{n}}{\dfrac{dS}{S}} = \frac{dn}{dS}\frac{S}{n} = -\alpha - 1 \quad (3\text{-}5)$$

である．

　ここで，時間の経過により，都市人口が離散的に1単位ずつ増加するプロセスを考える．任意の時点における全国の人口をUとする．そして，

- ・仮定1：全国の人口が1単位増加したとき，確率pで新たな都市を形成し，確率（$1\text{-}p$）で既存の都市に居住する．
- ・仮定2：既存の都市が，その人口1単位を獲得する確率は，都市の規模Sとその規模を有する都市の数n_sの積Sn_sに比例する（比例効果の法則）

とする．すなわち，規模がSである各都市の人口規模を合計したものに比例する．

　さらに，時間の経過により，都市の規模分布がある定常状態に収斂すると仮定する．すなわち，規模Sの都市の数n_Sの全人口Uに対する比率$n_S／U$が，ある一定値に収斂するとする．比率$n_S／U$は，以下の三つの理由により変化する．

① 規模（$S\text{-}1$）の都市において人口が1単位増加した場合，n_Sは1増加する．そのような都市が$n_{S\text{-}1}$個存在し，そのうちのある一つの都市において人口が1単位増加する確率は，$(1\text{-}p)(S\text{-}1)/U$である．

② 規模Sの都市の場合，そのうちのある一つの都市において人口が1単位増加する確率は，$(1\text{-}p)S/U$であり，このときn_Sは1減

少する.

③全人口が増加すれば，n_S/Uは低下する.

　Uの変化は離散的であるものの，連続的であると考えれば，Uが変化するときのn_S/Uの変化の期待値は，当然に，$U \neq 0$なので，

$$E\left[\frac{d(n_S/U)}{dU}\right] = E\left[\frac{n_S'U - n_S U'}{U^2}\right]$$

$$= \frac{1}{U^2}\left[\left\{(1-p)\frac{(S-1)}{U}n_{S-1} - (1-p)\frac{S}{U}n_S\right\}U - n_S\right]$$

$$= \frac{1}{U^2}\left[(1-p)(S-1)n_{S-1} - (1-p)Sn_S - n_S\right] \quad (3\text{-}6)$$

となる[18]. これより，定常状態においては，右辺をゼロとして，

$$\frac{n_S}{n_{S-1}} = \frac{(1-p)(S-1)}{(1-p)S+1} \quad (3\text{-}7)$$

が得られる. これは，

$$\frac{n_S - n_{S-1}}{n_{S-1}} = \frac{p-2}{(1-p)S+1} \quad (3\text{-}8)$$

と書き改めることができる. 一方，

$$\frac{dn/dS}{n} = \frac{\frac{n_S - n_{S-1}}{S-(S-1)}}{n_{S-1}} = \frac{n_S - n_{S-1}}{n_{S-1}} = \frac{p-2}{(1-p)S+1} \quad (3\text{-}9)$$

なので，Sに対するnの弾力性は，

$$\frac{dn}{dS}\frac{S}{n} = \frac{p-2}{1-p+1/S} \quad (3\text{-}10)$$

となる. ここで，規模Sが十分に大であれば，

$$\frac{p-2}{1-p+1/S} \cong \frac{p-2}{1-p} \quad (3\text{-}11)$$

となる．本式と（3-5）式より，

$$\alpha \cong \frac{1}{1-p} \quad (3\text{-}12)$$

となる．すなわち，（3-3）式におけるべき係数αは，新たな都市が発生する確率pと単調増加の関係にある．これを第3-1図に示す．

　そして，（3-3）式において，同一順位の都市が一つずつしかないとすれば[19]，S以上の人口を有する都市の数Nと規模がSである都市の順位rとは等しくなるので，

$$S = B^{-\frac{1}{\alpha}} r^{-\frac{1}{\alpha}} \quad (3\text{-}13)$$

へと変換できる．一方，

$$s(r) = br^{-a} \quad (3\text{-}2)$$

なので，結局，

$$\frac{1}{a} = \alpha \cong \frac{1}{1-p} \quad (3\text{-}14)$$

となり，（3-2）式におけるべき係数aは，$1\text{-}p$となる．

　ここで，以下に述べる理由によって，都市を製品と置き換えれば，パラメーターaは，市場において製品が新規に発生する率と対応関係にあることになる．具体的には，aが大であるとき製品の新規発生率は小さくなり，aが小であるとき製品の新規発生率は大きくなる[20]．

　なお，都市を製品と置き換えられる理由は，以下の通りである．Fujita, Krugman and Venables（1999）においては，ある地域において

人口が定期的に発生し，それが既存の都市に引き寄せられること，もしくは新たな都市を形成することを考えた．これは，製品が需要を獲得するプロセスに類似している．たとえば，人口の獲得をめぐって，都市間でも競争が行われている．人口減に直面する都心部においては，手厚い住宅補助や児童手当などにより近隣地域への人口流出を防ぎ，さらには近隣地域からの人口流入を目論む．すなわち，新たな人口ないし需要が定期的に発生する点，新たに発生する人口ないし需要をめぐって，都市間ないし製品間で絶え間ない競争が行われている点で，都市と製品とは類似している．

第3-1図
パラメーターpとαの関係

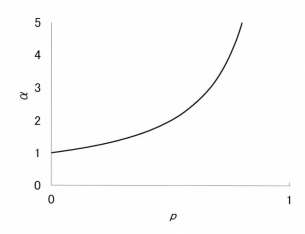

3.2.2　階層構造モデル

Zipfモデルの生成メカニズムとパラメーターの含意については，要素と要素間の階層的関係に注目する階層構造モデルも提案されている（Krugman 1996）．たとえば，管理組織における階層構造を考える．

ある階層の管理職が同規模の監督権を持ち，10人の部下を監督するとする．10人の部下のうち3人の部下は（その部下が，もし部下を有する場合には，その部下も含めて），上司である監督者と同じオフィスで働く．監督者（の一人）をA氏，A氏の部下をa〜j氏とすると，A氏と3人の部下a〜c氏は同じオフィスで働く．一方，残りの部下d〜j氏は，バラバラに勤務するとする．このとき，7つのオフィスが存在することになる．すなわち，第1のオフィスとしてA氏と3人の部下a〜c氏の合計4人が勤務するオフィス，d〜j氏が一人ずつ勤務する6つのオフィスである．これら7つのオフィスを管理するさらに上位のオフィスが存在するとする．この上位オフィスには，A氏とその部下3名のオフィスが含まれ，さらにA氏と同じ監督権を有する管理職であるB氏のオフィス（B氏とその部下3名の合計4名が働いている）とC氏のオフィス（同じくC氏とその部下3名の合計4名が働いている）も含まれる．すなわち，この上位オフィスには，A氏の上司1名を含め，13名が勤務することになる．さらに，この上位オフィスを管理する上々位オフィスを考える．この上々位オフィスには，A氏とその部下3名，A氏の上司，A氏の上司の上司1名を含め，合計40名が勤務することになる．この階層構造が繰り返されるとき，あるオフィスの人員は，ひとつ下位の階層のオフィスの約3倍の人員を有することになる．このとき．(3-1) 式において，パラメーターaの値は3/7となる．

　ここで，市場で流通する製品についても，製品間の階層関係を仮定できる．すなわち，市場において製品は単独では存在できず，他の製品と階層的な関係を持つだろう．たとえば，企業が男性用コートを販売しようとするとき，まず，あるブランドの下に製品を展開することになる．さらに，Lサイズ・黒のコートを1種類だけ発売したとしても，全く売れないであろう．そのコートを販売するためには，サイズだけでもS・M・Lの少なくとも3種類，さらに色も黒・グレー・紺・茶など少なくとも数種類程度が必要となる．すなわち，Lサイズ・黒のコートを販売するためには，残り十数種類の製品の

品揃えが必要となる．この点で，当該製品の販売は，他の十数種類の製品の存在に依存していると言える．同時に，他の十数種類の製品の販売も当該製品の存在に依存している．さらに，同じブランド名の下で展開している他の製品とも相互に依存関係にある．

製品間の依存関係の代表例として，「見せ筋」「さし色」が挙げられる．すなわち，消費者や流通からの多様なニーズに応え，また，製品群全体の魅力を高めるため，売れないとわかっていてもあえて製品を発売することがある．当該製品を発売することによって，同じ製品群に属する他の製品の販売を誘発しようとするのである．この点で，主力製品の売上は，見せ筋製品の存在に依存しており依存関係は片務的である．ファッション衣料などにおいて，到底，販売が期待できなさそうな派手なデザインの製品をあえて展開するのは，見せ筋製品の顕著な例である．

製品間の階層的な依存関係は，企業やブランドなどを越えて発生する．たとえば，コンパクト・タイプの重質（洗濯）洗剤である花王「アタック」は，同タイプのライオン「スーパートップ」と競争していると同時に，液体タイプの花王「（液体）アタック」やライオン「（液体）トップ」に対してコンパクト・タイプの製品の魅力を高めている点で，依存していると言える．すなわち，上位階層としてコンパクト・タイプの重質洗剤（サブ・カテゴリー）の下，各社のブランドが下位階層として位置付けられる．さらに，アサヒ「スーパードライ」が，発売されてほどなくトップ・ブランドへと成長できた背景の一つとして，競合他社の追随が指摘されている．すなわち，アサヒがドライ・タイプという新しい味覚ジャンルの製品を上市したとき，競合他社も同じタイプの製品を発売したため，ドライ・タイプの魅力が高まり，結果として，同タイプの先発製品である「スーパードライ」が成長したのである[21]．ここで，アサヒ「スーパードライ」の売上高は，他社のドライ・タイプ製品の存在に依存していたことになる．上位階層としてドライ・タイプ（サブ・カテゴリー）の下，各社の製品が下位階層として位置付けられ，上位階層ではサ

ブ・カテゴリーであるドライ・タイプの魅力を高めるべく協調しな
がら，下位階層では各製品の売上を拡大すべく競争している．

　上述のような製品間に階層的な依存関係が存在するとき，ある製
品は他の製品の存在を必要とし，さらに別の製品からその存在を必
要とされていることになる．ここで，上述の階層構造モデルにおい
て，階層的な管理関係を，製品間の階層的な依存関係と考えること
ができる．このとき，製品間の階層的な依存関係を背景に製品の順
位と規模は，（3-1）式に従うことになる．パラメーターaは，ある
製品が依存する製品の数を意味している．すなわち，aの値が大で
あるほど製品が依存する製品数は少なくなる．一方，aの値が小で
あるほど製品が依存する製品数は多くなる．

　なお，階層構造モデルにおいて，監督者・従業員を製品と捉え，
監督者と従業員との階層関係を製品間の階層的な依存関係と考えた
ときの，具体的な数式展開を補遺A2に示す．

3.3　データと方法

　まず，データの分析方法を述べる．（3-1）式について，パラメー
ターを推定し，データに対するモデルの適合性を検討する．具体的
には，対数線形変換の後，線形最小二乗法によりa, bを推定する．
なお，ここでは，すべての製品を対象とする場合と，規模がごく小
さい製品を除去する場合とに分ける．この理由は以下の通りである．

　都市経済学において，都市の順位と規模との関係をZipfモデルに
あてはめるとき，対象となる都市の範囲をあらかじめ定義する．す
なわち，ある一定以上の人口を有する都市とそれ以下の人口しかな
い集落とに分別する．そして，都市のみをZipfモデルにあてはめ，
集落は分析対象とはしない．これは，都市を研究対象とするという
学問上の背景に加え，都市と集落とが有する機能や性格の違いと
いった経験的・理論的な背景がある．

　製品についても同様の試みが許されるだろう．すなわち，ある一

定以下の規模である製品を除去し，ある一定以上の規模を有する製品のみを分析対象とすることが正当化されよう．それは，実質的に流通している製品のみを分析対象とすることにより，製品の集団が持つ秩序をより明確にできる可能性があるためである．市場に存在する製品のうち，規模が小さいこと，採算が悪いことなどにより，本来は廃番とすべきであるにもかかわらず，様々な要因から廃番とならない製品は少なくない．ここでは，一定以上の規模を有する製品を，実質的に流通する製品と考える．さらに，裾野を形成する多くのケースが，どのような分布をしているかは，問題にする必要はないこと（日置1998），同じく，べき乗則が観察される現象では，裾野がべき分布から外れることが多く，その場合には，非常に少ない確率で出現する現象として議論しないことが多いこと（青山2007）も，この試みを正当化する．

　そこで，本章においては，（3-1）式を製品の順位と規模との関係にあてはめるとき，

　・全ての製品を対象とするケース，
　・規模のごく小さい一部の製品を除去するケース[22]

を検討する．なお，除去する製品数は先験的に決定する．具体的には，累積市場シェア（金額ベース）の下位20％に属する製品を除去する．それらの製品の規模は極めて小さいことを強調したい．たとえば，以下に述べるシャンプー市場の場合，累積シェアで下位20％に属する製品は373あるものの，それらの製品の金額シェアは高々0.18％に過ぎない．

　ここで用いるデータは，以下の通りである．

　・収集方法：ホーム・スキャン・パネル・データ，
　・名称：Quick Purchase Report,
　・調査主体：株式会社東急エージェンシーおよび東急総合研究所，
　・調査地域：東京駅から30キロ圏内に含まれる市町村，
　・調査対象：主婦年齢59歳以下の一般世帯，

・サンプリング方法：無作為二段抽出法，
・サンプルサイズ：2,500世帯

である．

　対象として世帯単位で購買されるパッケージ財を考える．これは
ホーム・スキャン・パネル・データが，世帯単位でデータを収集し
ていること，購買頻度が高く単価の低い製品の購買データを収集し
ていることなどによる．なお，JICFS商品分類基準に基づく品目（細
分類）に依拠してデータを収集していることに対応し，市場の範囲
として品目を考える．具体的には，以下の合計16市場である．

・食品8市場：味噌，サラダ油ゴマ油，インスタント袋麺，カッ
　プ麺，インスタントカレー，調理済みカレー，レギュラーコー
　ヒー，果汁100%飲料，
・日用品8市場：ボディ・シャンプー，歯磨き，シャンプー，ヘ
　アリンス，ヘアスプレー，芳香剤，防虫剤，殺虫剤．

　なお，ここでは，以下の17市場についても検討した．しかしな
がら，下位の製品を除去したとき，市場に存する製品数が少なくな
り過ぎることから，分析対象としないこととした．具体的には，累
積シェア上位80%に属する製品の数が，1994年と1998年のいずれ
においても，20以下である市場を，分析の対象としなかった．こ
れらの市場は，食品8市場：食塩，醤油，ソース，マヨネーズ，ケ
チャップ，お茶漬けの素，バター，コーラ，日用品9市場：重質洗剤，
台所用洗剤，住居用洗剤，トイレ用洗剤，バス用洗剤，アルミホイ
ル，ラッピングフィルム，ティッシュペーパー，殺虫剤である．
　集計期間は，1994年1月1日〜12月31日，1998年1月1日〜12月
31日である．これを，暦年単位で集計する．なお，データは収集上
の問題から最新ではないものの，80/20法則は時間や空間を超えて
観察できることから，研究成果はデータの収集時期には依存しない．

ここでは，製品の規模として売上高を用い，100世帯当たりの購買金額を用いる．また，製品の順位として売上高の順位を用い，100世帯当たりの購買金額の大きい順に製品を並べたときの順位を用いる．以後，特にことわらない限り，規模とは売上高（金額）をさす．

3.4　分析結果

　上の方法に基づいてデータを分析した．ここでは，そのうちシャンプー市場から得られた結果を述べる．データによれば，1998年のシャンプー市場の概要は以下の通りである．

- ・製品数：495,
- ・製品全体の100世帯当たりの購買金額（年間）：248,694.70円,
- ・購入世帯比率[23]：87.27%,
- ・製品の平均単価：535.10円,
- ・主要な製品とその金額シェア：
  - ・第1位：日本リーバ「ラックス・スーパーリッチ750ml」(5.94%),
  - ・第2位：花王「メリット詰め替え550ml」(3.82%),
  - ・第3位：花王「メリット　リンスのいらないシャンプー550ml」(2.83%).

　まず，1998年のシャンプー市場から得られたデータを用いて，全ての製品を対象に（3-1）式をあてはめた．このとき，

$$s(r) = 202100r^{-1.358}$$

ただし,

$$r：製品の順位,$$
$$s(r)：r位の製品の100世帯当たりの購買金額（年間）$$

と推定された（第3-2図）．サンプルサイズは495，決定係数は $R^2 = 0.881$ であった．決定係数の値より，データに対して（3-1）式は適合したと言える．

第3-2図　Zipf Modelへの適合
（シャンプー，1998年，全体）

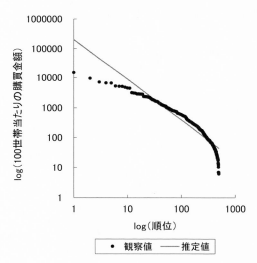

さらに，他のパッケージ財市場についても，1994年と1998年の2期間について，データに（3-1）式をあてはめた．この結果の要約を第3-1表に示す．いずれの市場，期間においても，決定係数の値より回帰結果は良好であった．これより，データに（3-1）式が適合すると言える．なお，決定係数の最大は0.962（殺虫剤市場，1994年），最小は0.834（歯磨き市場，1998年）であった．

次に，市場シェア（金額）下位20%に属する製品を除去し，市場シェアの上位80%を実現する製品を対象に回帰分析を行った．シャンプー市場から得られた1998年のデータについて，市場シェア上位80%の製品を対象に（3-1）式をあてはめたとき，

第3-1表　分析結果（対象：製品全体）

市場	年	サンプルサイズ	パラメーター a	b	決定係数	観察値* 最小値	最大値
味噌	1994	493	1.342	92,632	0.935	1.847	10.236
	1998	572	1.352	102,113	0.942	1.823	10.293
サラダ油ゴマ油	1994	167	1.666	252,779	0.844	1.932	9.857
	1998	162	1.613	141,341	0.918	1.929	9.788
インスタント袋麺	1994	267	1.695	505,805	0.838	1.595	9.792
	1998	298	1.696	394,476	0.890	1.194	9.597
カップ麺	1994	450	1.745	1,053,622	0.881	1.442	10.235
	1998	683	1.586	742,445	0.870	1.543	10.312
レギュラーコーヒー	1994	271	1.352	66,505	0.892	1.952	8.494
	1998	325	1.375	96,168	0.874	1.131	9.270
果汁100%飲料	1994	561	1.537	419,820	0.875	1.703	9.244
	1998	504	1.633	408,556	0.880	1.235	8.691
インスタントカレー	1994	225	1.799	454,242	0.931	1.932	9.993
	1998	181	1.886	515,554	0.890	1.929	9.719
調理済みカレー	1994	191	1.452	91,282	0.866	1.952	8.720
	1998	286	1.482	105,781	0.898	1.845	9.197
シャンプー	1994	421	1.432	249,172	0.917	1.952	9.974
	1998	495	1.358	202,128	0.881	1.802	9.601
ヘアーリンス	1994	169	1.498	96,050	0.914	1.952	9.455
	1998	121	1.527	76,878	0.883	2.334	9.497
ヘアースプレー	1994	91	1.351	19,315	0.914	2.827	8.664
	1998	75	1.344	12,455	0.919	2.622	8.222
ボディシャンプー	1994	150	1.329	30,702	0.927	2.252	8.891
	1998	197	1.440	62,013	0.893	1.707	8.905
殺虫剤	1994	53	1.394	6,984	0.962	2.938	7.785
	1998	94	1.347	17,143	0.839	-0.371	8.192
歯磨き	1994	138	1.697	172,250	0.856	1.901	9.461
	1998	194	1.598	182,954	0.834	1.899	9.049
芳香剤	1994	192	1.024	5,549	0.856	1.952	7.194
	1998	206	1.156	10,143	0.868	1.899	7.042
防虫剤	1994	131	1.434	35,672	0.936	1.952	9.138
	1998	174	1.333	36,231	0.876	1.908	8.392

*）線形対数変換による

$$s(r) = 23740r^{-0.791}$$

と推定された（第3-3図）．このとき，サンプルサイズは122，決定係数はR^2=0.982と十分な値を示した．全ての製品を対象としたときより，決定係数は改善した（全製品を対象としたとき，決定係数はR^2=0.881であった）．すなわち，（3-1）式に対するデータの適合度は改善した．

第3-3図　Zipf Modelへの適合
（シャンプー，1998年，上位80%）

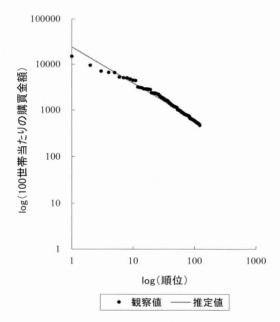

さらに，他のパッケージ財市場に対象に1994年と1998年の2期間について，（3-1）式をあてはめた．この結果の要約を第3-2表に示す．いずれの市場，いずれの期間においても，決定係数の値は増大し，回帰結果はさらに改善した．決定係数の最大は0.993（カップ

麺市場, 1998年), 最小は0.883（殺虫剤市場, 1998年）であった. これより, データに（3-1）式が適合するとの結果を得た. 以上, パッケージ財16市場を対象に, 1994年と1998年の2期間において, 全ての製品を対象とした場合, 上位80％の製品を対象にした場合とも, 回帰結果は良好であった. すなわち, パッケージ財市場において, 製品の順位と規模との関係が（3-1）式・Zipfモデルに従う普遍的な構造が存在することが明らかになった.

　なお, ここでは全体的な市場構造を検討したのであって, それを構成する個々の製品を検討したのではないことに注意する. すなわち, ある市場の秩序が時間的に安定しているとしても, それを構成する個々の製品の順位や規模が安定しているとは限らない.

　たとえば, 重質洗剤市場においては, 市場秩序は「全体的」にも「部分的」にも時間に対して安定していた. すなわち,

- ・1994年と1998年とを比較したとき, パラメーターの値の差異は小さく（製品全体を対象としたとき, 1994年：a=1.889, 1998年：a=1.886）, さらに,
- ・第1位の製品のシェアは両期間とも25%, 上位3製品の累積シェアは各々47%, 52%と同水準であった.

　しかし, 市場を構成する製品は大きく異なっていた. すなわち, 1994年における上位3製品は, 花王「アタック1.5kg」, ライオン「ハイトップ1.5kg」, P&G「ウルトラアリエール1.5kg」であったのに対し, 1998年におけるそれは, 花王「新コンパクト・アタック1.2kg」, ライオン「スーパートップ1.2kg」, P&G「アリエール・ピュア・クリーン1.2kg」であった. これにより, ここでは全体的な市場構造を観察したのであって, それを構成する個々の要素（製品）を観察したのではないことに注意しよう. すなわち, ある市場の構造が時間的に安定しているとしても, それを構成する個々の製品の規模や順位が安定しているとは限らない.

48

第3-2表　分析結果（対象：上位80％に属する製品）

市場	年	サンプルサイズ	パラメーター a	b	決定係数	観察値* 最小値	最大値
味噌	1994	88	0.880	17,106	0.978	5.752	10.236
	1998	97	0.928	20,214	0.979	5.532	10.293
サラダ油ゴマ油	1994	38	0.768	21,046	0.983	7.097	9.857
	1998	30	1.044	28,975	0.966	6.767	9.788
インスタント袋麺	1994	56	0.782	27,620	0.961	6.877	9.792
	1998	50	0.871	28,437	0.970	6.724	9.597
カップ麺	1994	73	0.809	38,118	0.982	6.994	10.235
	1998	126	0.864	38,725	0.993	6.354	10.312
レギュラーコーヒー	1994	72	0.710	8,661	0.963	5.802	8.494
	1998	81	0.667	9,375	0.937	5.920	9.270
果汁100％飲料	1994	112	0.736	20,623	0.938	6.135	9.244
	1998	93	0.725	15,203	0.903	6.017	8.691
インスタントカレー	1994	30	0.895	38,212	0.939	7.263	9.993
	1998	30	0.784	27,638	0.921	7.256	9.719
調理済みカレー	1994	48	0.715	11,225	0.916	6.242	8.720
	1998	63	0.852	13,667	0.979	5.822	9.197
シャンプー	1994	83	0.946	42,941	0.972	6.383	9.974
	1998	122	0.791	23,744	0.982	6.149	9.601
ヘアーリンス	1994	31	1.076	29,217	0.940	6.447	9.455
	1998	28	0.857	14,664	0.960	6.468	9.497
ヘアースプレー	1994	27	0.903	6,728	0.973	5.928	8.664
	1998	22	0.946	5,211	0.976	5.648	8.222
ボディシャンプー	1994	40	0.970	11,145	0.986	5.738	8.891
	1998	44	0.767	9,583	0.943	6.003	8.905
殺虫剤	1994	12	0.875	3,410	0.883	5.487	7.785
	1998	28	0.860	5,536	0.929	5.451	8.192
歯磨き	1994	28	0.893	21,612	0.947	6.782	9.461
	1998	46	0.789	17,024	0.908	6.435	9.049
芳香剤	1994	78	0.639	1,714	0.979	4.581	7.194
	1998	72	0.680	2,376	0.947	4.710	7.042
防虫剤	1994	30	0.956	10,605	0.979	5.880	9.138
	1998	51	0.799	7,762	0.959	5.686	8.392

*）線形対数変換による

3.5　考察と検討

3.5.1　市場集中の測度としてのパラメーター

　市場においてZipfモデル（3-1）式が成立するとき，その含意を考える．順位rは，元来は正整数であるが，以下では正の連続数として扱う．（3-1）式において，順位r_1, r_2（$r_1<r_2$），規模s_1, s_2（$s_1>s_2$）とすると，

$$\frac{s_1}{s_2} = \left(\frac{r_2}{r_1} \right)^a \quad (3\text{-}15)$$

となる．ここで，

$$\frac{r_2}{r_1} > 1 \quad (3\text{-}16)$$

なので，これを一定とすると，aが大きいほど（3-15）式の左辺は大きくなる．すなわち，aが大きいほど上位製品と下位製品との規模の比は大きくなる．したがって，aは製品レベルにおける規模の集中の状況，すなわち，市場集中度を示す指標であることがわかる．具体的には，aが大であるほど製品レベルでの市場シェアが集中しており，一方，aが小であるほど市場シェアが拡散している．

　これを，以下のように両対数グラフを用いて視覚的に表現する（第3-4図）．$a=0$ならば，（3-1）式の傾きはゼロとなり，直線はx軸と平行になる．このとき，順位にかかわらず全ての製品の規模は同一なので，市場集中度は極めて低くなる．aの値が増加するにつれ，市場集中度は高まる．傾きaが無限大に近づくと，直線はy軸に平行に近づく．このとき，市場集中度は極めて高くなる．一見して，aと製品の市場集中度との関係，さらにそのときの製品の順位と規模の関係を理解できる．

以上，aは市場集中の測度に対応すると理解できる．また，前述（3.2.3.）のように，理論的な性質によれば，aは製品の新規発生率と関係する．これにより，ある市場における製品の集中度は，独立に決定されるのではなく，新規参入率にも潜在的に依存することがわかる．これより，公共政策的な観点に立てば，市場への参入率を高めることができれば，市場集中度は自動的に低下することになる．

第3-4図
Zipf Modelにおけるパラメーターaの変化

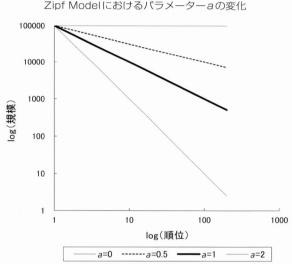

3.5.2　経験的妥当性

　パラメーターaが，市場の集中度，新製品の発生率と関連することは，以下のように実証的に示される．

（1）パラメーターaの値が大である市場
　パラメーターaの値が大である市場として，食塩市場が挙げられ

る（上位80％の製品を対象としたとき，1994年：a=0.863，1998年：a=0.960，第3-2表）．そして，食塩市場においては，市場集中度が高く，かつ新製品の投入余地がほとんどないことが経験的に知られている．具体的には以下の通りである．

　食塩市場においては，流通する製品数は少なく（製品数は，1994年：74，1998年：98），赤穂化成「赤穂の甘塩1kg」，日本たばこ産業「食塩1kg」，味の素「瀬戸の本塩1kg」など主要製品の市場シェアは高い（上位3製品の累積市場シェアは，1994年：49.1%，1998年：37.7%）．また，食塩市場においては，新たな製品が参入する余地もほとんどない．すなわち，上述の強力な製品が存在すること，製品の差別化が極めて困難であること，容器およびサイズとも既に充実しているため，新たな容器拡張，サイズ拡張の余地がほとんどないことなどによる．

（2）パラメーターaの値が小である市場

　パラメーターaの値が小である市場として，芳香剤市場が挙げられる（上位80％の製品を対象としたとき，1994年：a=0.639，1998年：a=0.680，第3-2表）．そして，芳香剤市場においては，市場集中度が低く，かつ新製品が頻繁に投入されることが経験的に知られている．具体的には以下の通りである．

　芳香剤市場においては，多数の弱小製品が流通している．すなわち，製品数は，192（1994年），206（1998年）と多い．また，売上規模第1位の製品であっても市場シェアは低く，かつ毎年のように上位製品が入れ替わる．（第1位の製品名とその金額シェアは，1994年：エステー化学「シャルダンエース・レモン180ml」5.7%，1998年：小林製薬「サワデー・ラベンダー詰替130g」4.1%）．これらより，製品の集中度が低いことが理解できる．

　また，芳香剤市場においては，毎年，大量の新製品が発売される．これは，製品技術がさして高度ではなく，ブランドも重視されないため，製品の模倣が容易であること，このため，企業側はごく僅かな改良を施しただけの新製品を次々と発売すること，さらに，そう

した一過性の刺激に消費者が反応することなどによる.

　以上より，aは市場の集中度，新製品の発生率を表現していることは，経験的にも支持される. なお，製品全体を分析対象とした場合，aの推定値の平均は1.533，分散は0.053とばらつきは小さかった. また，市場シェアの上位80%に属する製品のみを分析対象とした場合，aの推定値の平均は0.831，分散は0.012とばらつきはさらに小さくなった. これより，パッケージ財市場においてaの推定値は，一定の範囲内に収まっていることがわかる. すなわち，新製品の発生率，それに起因すると考えられる市場集中の程度は，一定の範囲内にあることがわかる.

3.5.3　結果の検討

　パッケージ財市場から得られたデータに（3-1）式・Zipfモデルをあてはめたとき，回帰結果は良好であった. すなわち，全体として，データに対してモデルはよく適合していたものの，製品全体に対してモデルをあてはめたとき，特に，製品差別化が進んだ市場やセグメントが存在する市場などにおいては，適合度には若干の課題が見受けられた. このとき，曲線の両端，すなわち上位および下位の製品について，残差が相対的に大である傾向が見られた. 具体的には，推定値が観察値を上回ることが多かった.

　しかしながら，市場シェアで下位20%に属する製品を除去し対象を上位80%の製品に対して，モデルをあてはめたとき，適合度が改善した. これは，残差が相対的に大である下位製品を除去すると共に，（3-1）式の傾きが減少したため上位の製品の推定値が小さくなり，残差が減少したことが背景となっている. 決定係数は改善し，視覚的な適合度も改善した.

　Zipfモデルを用いたとき，モデルとデータの統計的な適合性は十分であった. また，都市経済学やマーケティングの連接分野である

経営学においては，都市や企業の順位と規模との関係にZipfモデルをあてはめてきた．これらより，製品の順位と規模との関係にZipfモデルをあてはめることには，一応の妥当性がある．

しかし，製品の順位と規模との関係にZipfモデルにあてはめたとき，上位の製品と下位の製品において，推定値が観察値を上回っていた．すなわち，両対数目盛を用いてグラフ化したとき，順位と規模との関係は，線形ではなく，上に凸となることがわかる．そこで，次章においては，このことを陽に取り入れ，Zipfモデルの一般型であるMandelbrotモデルを用いて，製品の順位と規模の関係を分析する．

3.6　まとめ

本章では，パッケージ財市場において，普遍的な秩序が観察できることを明らかにした．具体的には，まず，製品の順位と規模の関係にZipfモデルをあてはめた．そして，パッケージ財16市場×2期間から得られたホーム・スキャン・パネル・データを用いて，データに対するモデルの適合性を検討した．対数線形回帰分析による結果によれば，いずれの市場，いずれの期間においても，また，全ての製品を対象とした場合，規模のごく小さい製品を除去した場合においても，モデルの適合度は良好であった．すなわち，パッケージ財市場における普遍的な秩序として，製品の順位と規模の関係がZipfモデルによって表現できることが明らかになった．

一方，Zipfモデルを製品の規模と順位の関係に適用する場合の問題点も明らかになった．すなわち，Zipfモデルにおいては，順位（対数）と規模（対数）との関係が線形であると考える．しかし，観察によれば，両者を上に凸の関数によって表現するほうが適当である．そこで，次章においては，この問題に対応してMandelbrotモデルを用いて分析する．

4.　Mandelbrotモデルによる分析

4.1　はじめに

　前章においては，製品の順位と規模との関係にZipfモデルをあてはめた．このとき，全体としてはよく適合していたものの，順位が上位である製品と下位である製品において若干の残差が見られた．そこで，本章では，Zipfモデルの一般形であるMandelbrotモデル（SCL: simplified canonical law）を用いる（岸田1988）．そして，パッケージ財13市場から得られた10年間の観察データとモデルとの適合性を検討する．このとき，いずれの市場・期間においてもデータとモデルとが適合するならば，パッケージ財市場において，製品の順位と規模との関係がMandelbrot法則に従う普遍的な構造が存在することを指摘できる．

4.2　モデルの表現とその理論的含意

　Mandelbrotモデルを，市場における製品の順位と規模との関係について表現すれば，

$$s(r) = b(r + k)^{-a} \qquad (4\text{-}1)$$

ただし，
　　　　r：製品を売上規模の大きい順に並べたときの順位
　　　　$s(r)$：順位がr位である製品の売上規模
　　　　　　$1 \leqq r \leqq N$
　　　　N：製品数
　　　　　$0 < a,\ b$

となる．なお，Nは，当然に正整数，有限数である．このモデルについて，パラメーターを推定し，データとの適合性を検討する．

次に，（4-1）式・Mandelbrotモデルにおけるパラメーターの含意について，検討する．Simon（1955）によれば，新たな要素（たとえば，都市・企業など）が一定の確率で発生し（仮定1），比例効果の法則が働くとき（仮定2），（3-1）式が成立する．（3-1）式は，（4-1）式・Mandelbrotモデルにおいて$k=0$に他ならない．このため，新たな要素が一定の確率で発生し，比例効果の法則が働くとき，（4-1）式において$k=0$となる．

ここで，rは正整数だが，正の連続数として扱う．Zipfモデルから得られる規模$SZ(r)$とMandelbrotモデルから得られる規模$SM(r)$との比は，

$$\frac{SZ(r)}{SM(r)} = \frac{br^{-a}}{b(r+k)^{-a}} = \left(\frac{r+k}{r}\right)^a \quad (4\text{-}2)$$

となる．$a>0$なので，$k>0$のとき$SZ(r)/SM(r)>1$となり，Zipfモデルから得られる規模は，Mandelbrotモデルから得られる規模を上回る．そして，両者の比は，順位rが小さく（規模が大きく）なるに従って大となる．一方，$k<0$のとき$SZ(r)/SM(r)<1$となり，Mandelbrotモデルから得られる規模は，Zipfモデルから得られる規模を上回る．そして，両者の比は，順位rが小さく（規模が大きく）なるに従って大となる．

この違いはどこから生まれるのだろうか．①新たな製品が一定の確率で発生し，②既存の製品が比例効果の法則に従って成長するとき，Zipfモデルが成立する．両モデルにおいて，同一のパラメーターaと関連して，新たな製品が発生する確率が等しいにもかかわらず，（4-2）式で示すように要素の規模に違いが生じるならば，その原因は，製品の成長率の違いにあると考えることが妥当であろう．

パラメーター$k>0$であるとき，上位の製品ほどZipfモデルに比べて規模が小さくなる．これは，上位の製品ほど規模の成長率が小さ

くなることを示唆する．一方，パラメーター$k<0$であるとき，上位の製品ほどZipfモデルに比べて規模が大きくなる．これは，上位の製品ほど規模の成長率が大きくなることを示唆する．

　なお，両対数グラフを用いて表現すると以下の通りになる（第4-1図）．パラメーター$k=0$のとき，（4-1）式は直線となる．このとき，比例効果の法則が働き，製品の規模の成長率が，規模とは独立となる．パラメーター$k>0$のとき，（4-1）式は上に凸の関数となる．このとき，上位の製品ほど成長率が小さくなるだろう．一方，パラメーター$k<0$のとき，（4-1）式は下に凸の関数となる．このとき，上位の製品ほど成長率が大きくなるだろう．以上，パラメーターkの含意を視覚的に理解できる．

Ramsden and Kiss-Hayppl（2000）による解釈

　パラメーターkの含意について考察した研究は稀であり，管見の限り一致した解釈は示されていない．一方，企業の規模と順位との関係をMandelbrotモデルにより考察したRamsden and Kiss-Hayppl（2000）とその後継研究（Hernandez-Perez, Angulo-Brown and Tun 2006; Perez-Mesa and Galdeano-Gomez 2009; Pascoal, Augusto and Monteiroa 2016）においては，パラメーターkは市場の競争状態と関連すること，$k=0$であるとき，市場において同一のニッチ（niche）に複数の企業が存在できないことを示唆している．一方，パラメーターkの値が増加するに従い，多数の小規模の企業が存在できる余地が高まり，多様性が高まることを示唆している．

　この解釈をマーケティング現象に応用すると，$k=0$であるとき，同一の市場ニッチないし同一のポジショニングに複数の製品が存在できないと解釈できる．すなわち，パラメーターkが小さいとき，市場の競争が激化し，適切な市場ニッチを見出せない製品や差別的優位性に劣る製品は，淘汰されることを意味する．一方，パラメーターkの値が増加するに従い，多数の小規模の製品が存在できる余地が高まり，市場の多様性が高まる．この解釈は，本書における上

述の主張（パラメーターkが小さいとき，製品規模が大である製品の成長率が相対的に高まる一方，パラメーターkが大であるとき，製品規模が小である製品の成長率が相対的に高まる）と整合的である．

第4-1図
Mandelbrot Modelにおけるパラメーターkの変化（$a=1$）

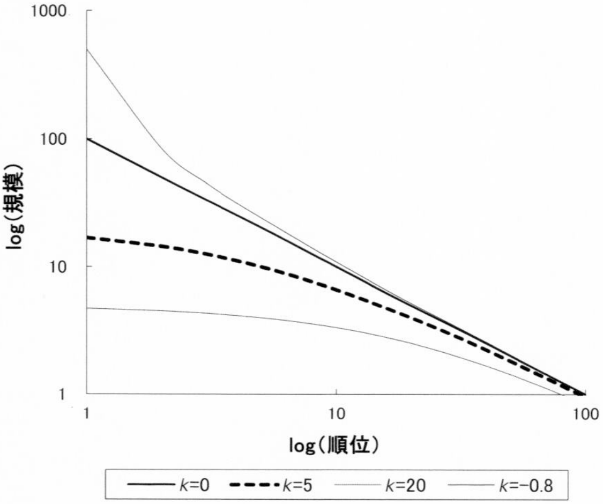

4.3　データと方法

パラメーターの探索的推定

　（4-1）式について，パッケージ財市場から得られたデータを用いて，最小二乗法によりパラメーターを推定する．そして，データに対するモデルの適合性を検討する．パラメーターの値を変化させ，残差の二乗和が最小となるパラメーターを探索的に推定する．すなわち，グラフから判断した適当なa, b, kの値を初期値として用いて，解を探索する．そして，得られた解を再び初期値として用いて，改めて解の探索を行う．これを繰り返すことにより収束値を探索する．

58

なお，後述する130ケースのいずれについても，1回のパラメーター探索で収束値に達した．

推定値の安定性

　この方法を用いる場合，初期値によって収束値が異なることがある．すなわち，推定値の安定性を確認する必要がある．そこで，方法の妥当性を検討した．すなわち，この方法をデータに適用した場合，適当な初期値を与えたときに同一の収束値が得られることを確かめた．具体的には，1999年について，①1998年の同市場から得られたパラメーターの値を翌年（1999年）の初期値とする場合，②1999年の同市場から得られた各パラメーターの値に対して，その10倍を初期値として改めて与えた場合，③同じく1/10を初期値として与えた場合について検討した．具体的には，パラメーターa, b, kについて，①～③を組み合わせた．初期値から得られた結果を検討したところ，いずれの場合にも，1回の探索で同一の解に収束した．当該解が局所的な解である可能性は否定できないものの，これより一定の妥当性を確認できた．なお，いずれのケースにおいても，得られたパラメーターの10倍ないし1/10をパラメーターとして推定値を計算し，そのグラフを描画したとき，観察値を用いて描画したグラフとはかけ離れていた．

　ここでは，前述のホーム・スキャン・パネル・データを用いる．ただし，対象とする市場は，以下の13市場である．すなわち，日用品として，重質洗剤，シャンプー，アルミホイルの3市場，および食品として，ソース，ケチャップ，バター，マーガリン・ファストスプレッド，インスタントカレー，調理済カレー，インスタントコーヒー，コーラ，果汁100%飲料，ビールの10市場，合計13市場である．集計期間は，1990年1月1日～1999年12月31日である．これを，暦年単位で集計する．すなわち，13市場×10年＝130ケースについて分析する．なお，前述のように80/20法則は時空を超えてあまねく観察できることから，研究成果はデータの収集時期には

依存しない.

4.4　分析結果

　上の方法に基づいて,データを分析した．ここでは,そのうちシャンプー市場から得られた結果を述べる．1998年のデータに対して（4-1）式を適合させたとき,

$$s(r) = 40870(r + 2.276)^{-0.934}$$

ただし,

$$r : 製品の順位,$$

$s(r)$：順位がr位である製品の100世帯当たりの購買金額（年間）

と推定された（第4-2図）．サンプルサイズは495,決定係数はR^2=0.982であった．決定係数の値は十分に大である．すなわち,（4-1）式とデータとの適合は良好であった．

　Zipfモデルを適用したときに比べ,決定係数の値は高まり適合度は改善した．Zipfモデルにおける決定係数は,全製品を対象とした場合はR^2=0.881,上位80%の製品を対象とした場合はR^2=0.982であった．Zipfモデルにおいて上位80%の製品を対象とした場合に比べ,Mandelbrotモデルにおいては,対象とする製品数が多いことを勘案すれば,改善といえる．

　これは視覚的にも理解できる．すなわち,第4-2図においては,製品の順位と規模との関係が上に凸の関数で表現されるため,第3-2図と比べ,特に上位の製品において観察値と推定値との適合が改善した．

　パッケージ財13市場に対象に,1990年から1999年までの10年間を観察したとき,いずれの市場,期間においても,決定係数の値は高く,推定結果は極めて良好であった（第4-1表）．すなわち,決定係数の最大は0.999（ケチャップ,1993年）,最小は0.954（シャンプー,

1999年）であった．また，視覚的なあてはまりも良好であった．Zipfモデルにおいて，特に，全ての製品を用いたとき，適合度が良好とは必ずしも言い難かった市場においても良く適合していた．すなわち，決定係数は大きく改善した．以上より，データに対して(4-1)式・Mandelbrotモデルが適合するとの結果を得た．これより，パッケージ財市場において，製品の順位と規模との関係がMandelbrotモデルに従う普遍的な構造が存在することが明らかになった．

第4-2図
Mandelbrot Modelへの適合
（シャンプー，1998年）

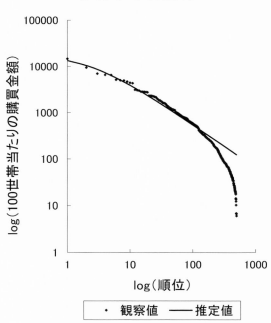

4.5 考察と検討

4.5.1 製品成長と関係するパラメーター

ここでは，パラメーターkおよびaについて考察する．まず，パラメーターkの推定値を，第4-1表に示す．ここで，パラメーターkが製品の成長率と関連することが，以下のように実証的に示される．

パラメーターkの値が小である市場

パラメーターkの値が小である市場として，1990年および1991年の重質洗剤市場が挙げられる（1990年：k=-0.295，1991年：k=-0.188）．当時の重質洗剤市場においては，上位の製品の成長が特に著しかった．この背景は以下の通りである．すなわち，この時期，コンパクト・タイプの重質洗剤が相次いで発売された．具体的には，花王「アタック」（1987年5月），ライオン「ハイトップ」（1988年4月：東京・大阪にて発売，5月：全国発売），P&G「ウルトラアリエール」（1989年10月：一部地域にて発売，90年4月：全国発売）などである．これらは，日本人の「洗濯洗剤観」を大きく変化させた画期的な製品であった．それ以前は，消費者は，外形的な分量の多い製品をお値打ちであると感じるため，容積・容量が大で「がさばる」洗剤を好むと考えられていた．しかし，コンパクト・タイプの登場により，持ち運びが容易で収納にも便利な同タイプが人気を集めるようになった．極めて革新的な製品が発売され，それらが上位製品へと成長していったため，上位製品の成長率は高かった．

パラメーターkの値が大である市場

パラメーターkの値が大である市場として，1995年以降の重質洗剤市場が挙げられる（1991年：k=-0.188 → 1995年：k=4.063）．当時の重質洗剤市場において，上位製品の売上成長率がマイナスに転じてい

第4-1表　推定結果（食品）

市場	年	サンプルサイズ	a	b	k	決定係数	観察値 最大	最小
ソース	1990	137	1.343	30,411	0.421	0.990	19,093	2.7
	1991	150	1.445	46,764	0.803	0.988	20,283	2.1
	1992	157	1.412	39,441	0.607	0.991	20,371	5.5
	1993	150	1.419	41,180	0.563	0.992	22,087	5.5
	1994	139	1.444	39,902	0.517	0.994	22,027	2.8
	1995	130	1.270	22,364	0.055	0.988	21,058	7.1
	1996	156	1.590	49,134	0.874	0.993	18,238	3.5
	1997	149	1.556	48,739	0.841	0.994	18,997	6.2
	1998	155	1.398	29,916	0.481	0.988	17,445	0.7
	1999	159	1.248	18,475	0.028	0.992	17,965	1.9
ケチャップ	1990	82	1.800	73,374	0.692	0.990	28,261	9.0
	1991	88	1.467	41,539	0.305	0.996	28,155	6.9
	1992	83	1.570	52,323	0.577	0.991	25,484	6.6
	1993	76	1.693	72,914	0.827	0.999	26,286	8.8
	1994	80	2.039	107,646	1.046	0.994	24,851	6.9
	1995	93	1.084	11,504	-0.505	0.996	24,723	4.7
	1996	94	1.344	17,949	-0.187	0.999	23,676	9.0
	1997	84	1.415	19,641	-0.156	0.995	24,920	6.5
	1998	87	1.327	18,088	-0.129	0.993	21,663	6.9
	1999	94	1.493	24,571	0.142	0.982	19,997	5.6
バター	1990	42	1.643	74,426	0.716	0.992	30,848	14.3
	1991	42	1.269	29,055	-0.036	0.982	30,703	10.6
	1992	38	1.661	90,017	0.975	0.961	29,498	10.4
	1993	43	1.042	17,783	-0.424	0.983	31,776	6.9
	1994	53	1.335	34,984	0.330	0.985	24,199	13.2
	1995	55	1.334	34,162	0.239	0.983	25,994	10.7
	1996	66	1.789	150,513	1.991	0.996	21,421	13.2
	1997	51	1.918	171,667	1.825	0.990	23,542	13.8
	1998	49	1.831	139,507	1.777	0.990	21,664	3.4
	1999	52	1.427	35,366	0.320	0.995	23,874	16.1
マーガリン・ファストスプレッド	1990	87	1.513	96,963	1.335	0.961	25,811	9.0
	1991	84	1.249	69,444	1.161	0.975	27,606	8.0
	1992	78	1.172	50,043	0.633	0.982	28,797	3.7
	1993	85	1.331	68,568	1.066	0.986	26,711	4.1
	1994	76	1.513	96,963	1.335	0.990	27,197	8.7
	1995	63	1.339	51,972	0.757	0.995	24,602	9.8
	1996	69	1.121	26,473	0.066	0.988	24,910	3.5
	1997	62	1.287	41,618	0.462	0.994	25,618	7.2
	1998	69	1.213	35,003	0.354	0.991	24,449	10.9
	1999	67	1.148	27,171	0.131	0.986	23,858	6.3
インスタントカレー	1990	251	1.337	189,774	4.536	0.989	19,767	8.0
	1991	263	1.071	63,595	1.242	0.982	28,125	4.3
	1992	233	1.122	79,992	1.641	0.978	28,672	6.5
	1993	237	1.399	218,507	3.891	0.990	25,312	6.9
	1994	225	1.754	785,556	6.614	0.992	21,871	6.9
	1995	221	1.887	1,432,451	8.878	0.996	18,323	7.0
	1996	219	1.876	1,591,324	10.326	0.989	16,257	6.3
	1997	217	1.957	1,978,578	9.993	0.989	16,853	7.2
	1998	181	1.901	1,561,620	9.900	0.988	16,628	6.9
	1999	179	1.671	537,587	6.669	0.988	17,158	6.4

市場	年	サンプルサイズ	a	b	k	決定係数	観察値 最大	最小
調理済カレー	1990	105	4.297	60,305,892,755	44.357	0.974	5,275	8.0
	1991	131	1.865	996,907	16.176	0.981	5,756	6.9
	1992	137	2.155	3,885,024	20.141	0.991	5,517	11.1
	1993	161	1.704	513,481	11.894	0.994	7,156	8.8
	1994	191	1.913	1,537,697	17.809	0.992	6,123	7.0
	1995	198	2.218	6,240,013	22.393	0.997	5,879	7.0
	1996	230	1.508	210,933	10.688	0.991	5,279	7.0
	1997	264	1.317	93,745	6.865	0.990	6,486	7.2
	1998	286	0.993	21,763	1.363	0.982	9,869	6.3
	1999	364	1.303	81,463	6.007	0.992	6,703	5.0
インスタントコーヒー	1990	124	1.153	44,750	-0.307	0.997	68,428	6.1
	1991	128	1.202	60,535	0.019	0.986	59,773	6.9
	1992	126	1.213	62,940	-0.002	0.995	63,371	4.0
	1993	137	1.684	228,113	1.236	0.998	58,842	6.5
	1994	135	1.484	120,857	0.621	0.992	59,344	7.0
	1995	163	1.641	219,388	1.524	0.984	48,428	7.1
	1996	154	2.249	1,017,609	2.982	0.988	45,598	3.5
	1997	152	1.904	351,178	1.921	0.995	44,886	3.3
	1998	147	2.068	891,814	2.994	0.982	49,031	6.9
	1999	162	2.015	734,074	2.767	0.982	48,704	5.8
コーラ	1990	34	0.957	16,783	-0.618	0.987	42,247	62.1
	1991	46	3.785	32,008,713	4.823	0.982	41,412	4.0
	1992	57	1.657	132,301	1.391	0.990	31,593	7.0
	1993	58	1.990	236,995	2.058	0.973	24,965	3.4
	1994	78	0.970	19,295	-0.381	0.994	30,724	4.8
	1995	85	1.516	69,831	0.718	0.996	30,652	7.0
	1996	86	1.487	51,673	0.331	0.999	33,759	3.9
	1997	70	1.030	20,587	-0.502	0.988	42,361	5.0
	1998	62	0.931	14,828	-0.713	0.989	47,432	5.2
	1999	52	1.018	18,111	-0.564	0.986	42,247	3.1
果汁100%飲料	1990	489	0.820	24,401	0.331	0.959	20,681	4.5
	1991	505	0.788	26,802	0.140	0.936	26,041	4.0
	1992	505	1.018	70,755	3.197	0.965	19,567	4.5
	1993	556	1.035	70,509	4.224	0.986	13,248	3.4
	1994	561	1.328	286,432	13.757	0.978	10,339	5.5
	1995	606	1.573	887,332	20.862	0.994	7,912	3.6
	1996	591	1.661	1,567,346	27.669	0.990	7,131	4.1
	1997	542	1.872	4,010,313	31.693	0.997	5,560	2.9
	1998	504	1.678	1,213,535	23.812	0.990	5,947	3.4
	1999	474	2.818	576,962,912	64.513	0.998	4,313	3.2
ビール	1990	240	1.617	4,654,889	4.916	0.994	262,748	9.0
	1991	295	1.609	6,185,561	6.963	0.990	229,656	10.3
	1992	260	1.982	23,601,784	10.349	0.979	202,283	10.5
	1993	269	2.292	105,586,666	15.321	0.989	165,298	6.9
	1994	280	3.173	4,336,984,090	23.246	0.983	163,104	14.8
	1995	359	2.482	161,014,074	15.608	0.987	141,031	7.1
	1996	351	1.724	5,246,264	6.486	0.995	166,751	7.0
	1997	343	2.177	92,813,512	23.408	0.998	89,793	10.9
	1998	349	2.194	90,795,966	25.039	0.994	80,101	6.9
	1999	343	2.681	756,325,263	32.020	0.996	63,263	6.4

第4-1表　推定結果（日用品）

市場	年	サンプルサイズ	パラメーター a	b	k	決定係数	観察値 最大	最小
重質洗剤	1990	130	1.134	57,618	-0.295	0.996	85,861	2.7
	1991	137	1.092	64,985	-0.188	0.991	82,187	8.2
	1992	141	1.442	172,571	0.841	0.997	71,571	11.9
	1993	122	1.483	193,935	1.184	0.993	61,356	13.6
	1994	113	1.279	88,586	0.415	0.995	57,010	13.9
	1995	136	1.815	576,913	4.063	0.976	30,578	1.4
	1996	153	1.158	52,690	0.455	0.969	33,706	3.4
	1997	128	1.931	373,856	1.991	0.981	44,115	7.2
	1998	120	2.261	1,046,259	3.086	0.991	42,542	6.9
	1999	125	2.802	7,616,378	5.876	0.964	31,549	6.4
シャンプー	1990	435	1.004	62,156	2.546	0.991	17,793	7.2
	1991	481	0.914	41,888	1.238	0.976	21,511	5.5
	1992	512	1.267	194,102	7.261	0.996	12,948	5.3
	1993	501	0.829	27,192	0.437	0.970	21,391	6.7
	1994	421	1.140	97,959	2.925	0.993	21,461	7.0
	1995	475	1.019	63,707	3.171	0.993	15,195	7.1
	1996	493	1.044	59,589	1.995	0.986	17,960	7.0
	1997	482	0.970	49,091	1.791	0.989	18,627	6.6
	1998	495	0.934	40,870	2.276	0.982	14,774	6.1
	1999	573	0.703	15,335	-0.171	0.954	18,188	6.4
アルミホイル	1990	81	2.150	139,776	3.040	0.995	7,008	8.9
	1991	86	1.490	18,713	0.869	0.989	7,452	3.4
	1992	88	1.908	45,996	1.571	0.987	7,490	3.3
	1993	85	1.933	52,889	1.874	0.979	6,765	6.2
	1994	75	1.423	10,743	0.275	0.998	7,606	6.2
	1995	64	2.463	213,397	3.672	0.959	4,588	6.3
	1996	71	2.476	283,040	4.390	0.948	4,118	4.8
	1997	64	2.327	164,108	3.804	0.969	4,123	5.5
	1998	67	2.176	88,358	3.092	0.986	3,998	6.1
	1999	71	1.778	22,417	1.796	0.984	3,566	3.7

た（上位3製品の100世帯当たりの購買金額の合計は，1990年の132,764円から1995年には68,669円へと大幅に減少した）．この背景は以下の通りである．1990年以降も，新製品が次々に投入されていったものの，いずれも上位製品へと成長することはできず販売中止となった．具体的には，花王は，「ジャスト」（1991年6月），「ジャスト・ファイブ」（1993年6月）などである．このため，1987年に発売された上述の製品が，依然として上位の地位を占めていた．しかしながら，発売からの経年などによって製品の魅力が薄れ，同製品の売上高は減少していた．これらの結果，1995年時点では，上位の既存製品の成長率は低かった．

　なお，1996年に，前述の上位製品が大幅にリニューアルされ，

花王「新コンパクト・アタック」，ライオン「酵素トップ」，P&G「ア
リエール・ピュア・クリーン」などが発売された．そして，これら
は上位製品へと成長していった．リニューアルによって魅力を増し
た製品が上位を再び占めるようになったため，上位製品の売上成長
率が高まった．そして，パラメーター k の値は低下した．すなわち，
上位3製品の100世帯当たりの購買金額の合計は，1995年：68,669
円→1997年：86,313円へ増加した（$k=4.063$ から $k=1.991$ へ減少した）．
以上のように，パラメーター k の値の大小と，製品成長率の高低と
は，実証的にも合致する．

4.5.2　パラメーター k の解釈

　次に，市場において（4-1）式・Mandelbrot モデルが成立するとき，
その含意を考える．すなわち，パラメーター k の意味を解釈する．
パラメーター k の推定結果によれば，130ケースのうち，114ケース
において，$0<k$ と推定された（第4-1表）．すなわち，大半のケース
において，製品規模が大となるに従って成長率は鈍化する．これは，
以下のようなマーケティング上の背景に依る．すなわち，まず，①
消費者の購買量や消費量は有限であることが挙げられる．次に，②
消費者の嗜好は多様であるため，ある特定の製品だけが消費者の選
好の大部分を獲得することは困難であることが挙げられる．たとえ
ば，日本においては，コーラの代名詞である「コカ・コーラ」が市
場シェアの大半を占有しているものの，一方では「ペプシ・コーラ」
を好む消費者もいる．さらに，③小売店には独自の品揃え政策があ
るため，全ての小売店が，ある特定の製品のみを店頭に陳列するこ
とはないことも忘れてはならない．さらに，④パッケージ財の場合，
ネットワーク効果が働きにくいことも挙げられる．すなわち，ビデ
オやコンピュータの場合とは異なり，他人と同一の製品を有するこ
とによって得られる便益は，一般にはそれほど大きくはない．この
ため，特定の製品だけに購買が集中するインセンティブが，消費者

に働きにくい.

4.5.3 Mandelbrotモデルが成立する条件

　パラメーター k に関連して，Mandelbrotモデルが成立する条件を
検討する．あまねくパッケージ財市場において（4-1）式・
Mandelbrotモデルが成立する．このとき，どのような条件下で，市
場においてMandelbrotモデルが成立するのであろうか．これは，
Mandelbrotモデルの視点から，パッケージ財市場の性質を考察する
ことに他ならない．ここでは，産業組織論における知見に注目する．
それは，産業組織論においては，市場構造を経済学の視点から考察
するからである．産業組織論では，市場構造の測度である市場の集
中度の決定要因として，規模の経済性，市場規模，参入障壁の高低，
製品差別の強弱などが指摘されている（植草1982）.

（1）新製品の発生
　Mandelbrotモデルおよび Zipf モデルが成立する条件のひとつとし
て，新たな製品が一定の確率で発生することが挙げられる．すなわ
ち，期首に存在した製品だけが期中を通じて成長するのではなく，
一定数の製品が継続的に市場に参入する．こうした市場とは，参入
障壁が一定程度に低い市場と考えられる．具体的には，製品の開発
や生産のための技術や資源が入手しやすい，製品の流通経路が確保
しやすい，また埋没原価が小さいといった条件を備える市場である．
多くの耐久消費財や生産財などと比較したとき，パッケージ財市場
の大半はこれらの条件を満たしている．また，酒類を除けば，パッ
ケージ財市場においては，免許などの参入に際しての法的規制も多
くはない.

（2）製品の成長
　製品の成長率によって，市場において成立するモデルが異なる．

具体的には，①製品の成長が，比例効果の法則に従うとき，すなわち，成長率が規模に依存しないとき，Zipfモデル（Mandelbrotモデルにおいて$k=0$）が成立する．一方，②規模が大きくなるに従って成長率が高まるとき，$k<0$であるパラメーターを持つMandelbrotモデルが成立する可能性がある．最後に，③規模が大きくなるに従って成長率が鈍化するとき，$k>0$であるパラメーターを持つMandelbrotモデルが成立する可能性がある．

　製品の成長率を規定する一つ目の概念として，規模の経済性がある．経済性が規模とは独立であるとき，すなわち収穫不変であるとき比例効果が働きZipfモデルが成立する．また，収穫逓増[24]であるとき，$k<0$であるMandelbrotモデルが成立すると考えられる．そして，規模の不経済が働き収穫逓減であるとき，$k>0$であるMandelbrotモデルが成立すると考えられる．

　規模の経済性は，生産面からは単位当たりの生産コスト，資源の希少性，生産の応需可能性など，また，消費面からはネットワーク効果などによって決定される．パソコンのOS市場において，開発済みOSの追加的な生産コストは限りなく小さい．また，増産にあたっては資源の希少性が問題となることがなく，需要に応じて生産量を高めることも容易である．さらに，同じOSを使用することによる利用者のネットワーク効果は極めて高い．このため，OS市場においては，$k<0$であるMandelbrotモデルが成立する可能性がある．

　一方，パッケージ財市場においては，規模の経済を追求することは，必ずしも企業の優先的な施策ではない．すなわち，規模の経済によりコストを引き下げようとするよりは，他の製品にない優位性を創出することにより，差別化する戦略が志向されることが多い[25]．このため，多くのパッケージ財市場においては，$k>0$であるMandelbrotモデルが成立することになるだろう．

　製品の成長率を規定する二つ目の概念として，市場規模が挙げられよう．より正確には，製品規模に対する市場規模と表現できる．すなわち，製品規模に比べ市場規模が小さければ，$k>0$となる

Mandelbrotモデルが成立しなければならない．一方，製品規模に比べ市場規模が十分に大きければ，Zipfモデル（$k=0$）や$k<0$であるMandelbrotモデルが成立する余地がある．

　製品の成長率を規定する三つ目の概念として，市場細分化ないし製品差別化も挙げられよう．市場細分化の程度は，消費者間の異質性に依存し，消費者間の異質性が高い場合，市場は複数のサブ市場に細分化される．市場全体が多くのサブ市場に細分化されるとき，消費者の選好の異質性やサブ市場の市場規模の制約などから，製品規模が大となるにつれ成長が鈍化する可能性がある．また，製品差別化の程度は，ブランド力の有無，製品USP[26]の差異などから決定される．そして，製品の差別化が進んだ市場においては，中心的な製品に対して差別的優位性を有する製品が存在するため，特定の製品が需要を独占することは困難である．このため，市場細分化ないし製品差別化が進んだ市場では，$k>0$であるMandelbrotモデルが成立することになる．

　一方，市場細分化の程度が低い市場においては，消費者間の異質性が低く，市場セグメントの数は少なくなる．市場セグメントが少ない（ないし存在しない）とき，消費者選好の同質性が高まり，市場規模の制約が小さくなるため，支配的な製品が登場する可能性が高まる．また，製品差別化の程度が低い市場では，大きな市場シェアを有する中心的な製品に対して，差別的優位性を有する製品が少なく，この結果，特定の製品に需要が集中することになる．以上より，規模が大である製品の成長は鈍化しない・加速する可能性がある．このため，$k<0$であるMandelbrotモデルが成立する余地がある．

　事実，パッケージ財においては，市場細分化ないし製品差別化の程度が低いケチャップ市場，バター市場などにおいては，パラメーターkの値が小であるMandelbrotモデルが観察される一方，市場細分化ないし製品差別化が進んだ果汁100%飲料市場，インスタントカレー市場などにおいては，パラメーターkの値が大であるMandelbrotモデルが観察される．なお，この解釈は，Ramsden and

Kiss-Haypal（2000）とその後継研究におけるパラメーターkの解釈
と整合的である.

　Zipfモデルおよび Mandelbrot モデルが成立する条件として，以下
のようにまとめることができる. すなわち，Zipfモデル（Mandelbrot
モデルで$k=0$）では，製品の成長について収穫不変を考えている.
Mandelbrot モデル（$k>0$）では，市場細分化が進んでいるため（製品
規模に対する）市場セグメントの規模は相対的に小さく，製品差別化
の程度は相対的に大であり, 製品の成長について収穫逓減を考える.
一方，Mandelbrot モデル（$k<0$）では，市場細分化が未分化であるた
め（製品規模に対する）市場セグメントの規模は相対的に大きく，製
品差別化の程度は相対的に小であり，製品の成長について収穫逓増
を考える.

4.5.4　新製品の発生と関係するパラメーター

　前述のように，新たな製品が一定の確率pで発生し（仮定1），比
例効果の法則に従って製品の規模が成長する（仮定2）とき，Zipfモ
デルが成立し，パラメーター $a \cong 1-p$ となる. 一方，Zipfモデルの
一般形である Mandelbrot モデルにおいては，パラメーターaと新製
品の発生率との関係は, 管見の限り明らかになっていない. しかし,
両者の間には，何らかの関係があると考えることは妥当である.
　Zipfモデルにおけるパラメーターaの値a_Zと，Mandelbrot モデル
（$k>0$）におけるパラメーターaの値a_Mの間には，大まかには，以下
の関係があると考えられる. もし，同一データに対して，Zipfモデ
ルと Mandelbrot（$k>0$）モデルを，いずれも適合させることが可能で
あるならば，$a_Z<a_M$となる. これは視覚的に容易に理解できる. す
なわち，$k>0$であるとき，kが大きくなるに従って，（kの効果により）
曲線はx軸に対して平行に近づく（第4-1図）. このため，もし，同
一データに対して，両モデルを適合させることが可能であるとき，

70

a の値が同じであるならば，Zipfモデルをあてはめたとき（第4-3図①）に比べ，Mandelbrotモデルをあてはめたとき（第4-3図②），k の効果によって曲線の傾きは緩やかになる．すなわち，上位製品の規模が過小に推定されてしまう．これを防ぐため，$a_Z < a_M$ となる必要がある（第4-3図③）．

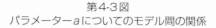

第4-3図
パラメーター a についてのモデル間の関係

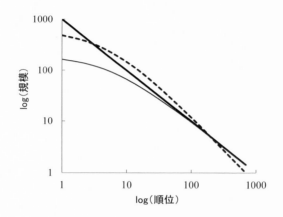

① $S = b_1 r^{-a_z}$ ② $S = b_1 (r+k_1)^{-a_z}$
③ $S = b_2 (r+k_1)^{-a_m}$

　上述のように，パラメーター a は，製品の集中度および新製品の発生率と関連する．また，パラメーター k の値の大小と成長率の高低とは経験的に整合する．そこで，次章において，新製品の発生と製品の成長とに注目したシミュレーション・モデルを構築する．そして，製品の順位と規模との関係がMandelbrotモデルに従う普遍的な秩序が生成されるメカニズムを考察する．
　最後に，データに（4-1）式・Mandelbrotモデルをあてはめたとき，

得られたパラメーターaおよびkの推定値の分布を第4-4図に示す.
一見して,以下の3点を指摘できる.すなわち,①いずれのパラメーターもある一定範囲に分布していること,②パラメーター間に正の相関関係があることである.パラメーターaは製品の集中度および新製品の発生率と関連し,また,パラメーターkは製品の成長率と関連することから,①は妥当であることが直感的に理解できる.なお,製品の順位と規模との関係を考察するとき,パラメーターbは,意味をもたないので,ここでは言及しない.

第4-4図
パラメーターaとkの分布

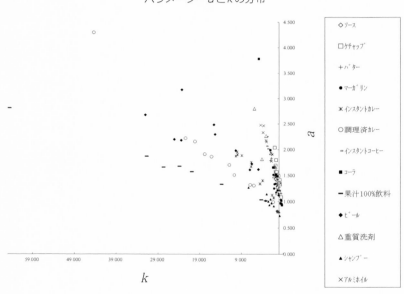

4.6 まとめ

本章では,パッケージ財市場において,普遍的な構造が見出されることを明らかにした.具体的には,まず,製品の順位と規模との

関係にMandelbrotモデルをあてはめた．そして，パッケージ財13
市場×10年間から得られたホーム・スキャン・パネル・データを
用いて，データに対するモデルの適合性を検討した．このとき，い
ずれの市場・期間においても，モデルの適合度は良好であった．す
なわち，パッケージ財市場における普遍的な秩序として，製品の順
位と規模との関係がMandelbrotモデルによって表現できることが明
らかになった．

　次に，Mandelbrotモデルにおけるパラメーターの含意を考察した．
具体的には，パラメーターaは，製品の市場集中度と新製品の発生
率に関連し，パラメーターkは，製品の成長率に関連すると解釈さ
れた．これは，データ分析の結果からも支持された．

　そこで，次章では，新製品の発生と製品の成長に注目して，新し
いモデルを提案する．そして，製品の順位と規模との関係が
Mandelbrotモデルに従う普遍的な秩序が生成されるメカニズムを考
察する．

5 シミュレーション・モデルによる分析

5.1 はじめに

　パッケージ財市場においては，製品の順位と規模の関係が Mandelbrot モデルによって表現される普遍的な構造を見出すことができた．このとき，パラメーター a は，製品の市場集中度と新製品の発生率を表現し，パラメーター k は，製品の成長率に関係することを示した．そこで，本章では，これに注目したシミュレーション・モデルを提案する[27]．具体的には，市場において新製品が発生する確率と，発生した製品の成長率を与えることにより，製品の売上分布を生成する．このとき，製品の順位と規模の関係が Mandelbrot モデルによって表現される，普遍的な構造が創発することを明らかにする．

5.2 シミュレーション・モデル

　市場において新製品が発生する確率と，発生した製品の成長率を与えることにより，製品の売上分布を生成するシミュレーション・モデルを考える．具体的には，以下の局所的ルールを与える．なお，ここでは，現時点（t時点）に発生した製品を新製品，それ以前に発生した製品を既存製品と呼ぶ．また，製品の規模を売上高として操作化する．

（A）需要の発生
　時間 $T=\{1, 2, \cdots, t, \cdots, 365\}$ の時点 t において，ポワソン分布に基づいて需要が発生するとする（Ehrenberg 1988）．

(B) 新製品が発生する確率

需要が発生したとき，確率p（$0 \leq p \leq 1$）で新製品が発生し，その新製品は売上1単位を獲得する．一方，確率（$1\text{-}p$）で，既存製品が追加的な売上1単位を獲得する．なお，確率pは時間Tを通じて一定とする．

(C) 既存製品の売上成長率

既存製品の売上成長率gは，製品の魅力度q（$0 \leq q$）に依存するとする．具体的には，時点tにおいて需要がd_t単位発生したとき，m位の製品の売上成長率$g_m{}^t$を，

$$g_m^t = \frac{\Delta S_m^t}{S_m^{t-1}} = \frac{\dfrac{(S_m^{t-1})^q}{\displaystyle\sum_{r=1}^{n}(S_r^{t-1})^q}d_t}{S_m^{t-1}} \qquad (5\text{-}1)$$

ただし，

$S_r{}^t$：時点tにおいてr位である製品の売上規模，

n：市場に存在する製品数，

$1 \leq m \leq n$

とする．なお，$S_r{}^t$は，時点tまでの各時点で獲得した売上の総和である．製品の魅力度qは，市場において製品間に共通であり，時間Tを通じて一定である．

（5-1）式において，$g_r{}^t$とqの関係は以下の通りである．$0 \leq q < 1$のとき，売上規模が小である下位製品の成長率に比べ，売上規模が大である上位製品の成長率は低い．qの値が大きくなるにつれ，上位製品の成長率は，下位製品の成長率に近づく．q=1のとき，比例効果が働き，売上規模にかかわらず，製品間で成長率は等しくなる．q>1のとき，下位製品の成長率に比べ，上位製品の成長率は高い．

ある S_{t}^{i}-1, d_{t}, q を与えたときの g_{t}^{i} を第5-1図に示す.

　改めて，製品の魅力度 q によって決定される成長率とは，製品規模の大小に依存した，製品間で異なる非対称な成長率であることに注意したい．すなわち，製品が時間経過に従って成長するとき，ある市場において，製品規模が大である製品の成長率が相対的に高い一方，別の市場では製品規模が小である製品の成長率が相対的に高いなど，製品規模の大小に依存した非対称な成長率を市場ごとに観察できる.

　ここで，製品間に共通な製品の魅力度 q とは，現象面から捉えたとき，市場における消費者や企業のイナーシア（inertia）な行動の程度に関係する．すなわち，製品の魅力度 q の高い市場において，消費者は，過去によく購買した製品ほどよく購買する．同時に，（売上高がマーケティング投資量の関数であるならば）企業は，過去によくマーケティング投資した製品ほどよくマーケティング投資する．こうした行動をもたらす背景のひとつとして，消費者や企業が，当該市場においてブランドを重視すること（ブランド・ロイヤルティなど），強力な定番商品ないし中核的・代表的な製品が存在することなどが考えられる．これは，後述のように，インスタントコーヒー市場，シャンプー市場などブランドが重視される市場や，ケチャップ市場，ソース市場，アルミホイル市場などガリバー的な定番製品が存在する市場において，製品の魅力度が高いことと整合する.

　一方，製品の魅力度 q の低い市場において，消費者は，過去によく購買した製品ほど購買せず，企業は，過去によくマーケティング投資した製品ほどマーケティング投資しない．こうした行動をもたらす背景のひとつとして，消費者や企業が多様性や変化を重視すること（消費者のバラエティ・シーキング行動など），強力な定番商品や中核的・代表的な製品が存在しないことなどが考えられる．これは，後述のように，調理済みカレー市場など新規性が重要視される市場において，製品の魅力度が低いことと整合する.

（B）新製品が発生する確率は，新しい製品が次々と発生することを，陽にモデルに組み込む．また，（C）既存製品の売上成長率は，市場で発生した製品が成長する過程を示す．このシミュレーション・モデルでは，市場の大域的（global）な構造を生成する局所的（local）ルールを考える．そこで，「普遍的な市場構造の生成モデル（Global Market Structure Emergence Model）」と名付ける．

なお，本研究においては，データの制限から，時間Tとして1年を考え，pとqはこの間一定であるとする．しかしながら，十分な量のデータが与えられるならば，データの集計期間を短くとることによって，pとqが一定であるとする時間を任意に短縮できる．

第5-1図
成長率$g_r{}^t$と製品の魅力度q

$$（S_r{}^{t-1}=100r^{-1}, d_t=1）$$

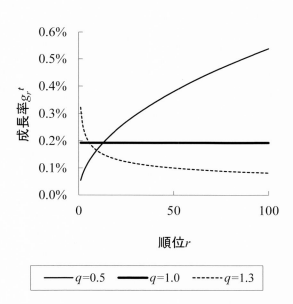

5.3　データとシミュレーション方法

5.3.1　シミュレーション方針

　モンテカルロ・シミュレーションにより，データに対して，シミュレーション・モデルが最もよく適合する p, q を探索する．具体的には，製品の売上について，観察データの分布関数と，モデルに基づいてシミュレーションから発生した人工データの分布関数を比較し，Cramer-Von Mises 統計量を最小とするパラメーターを推定する．

　Cramer-Von Mises 統計量は，ノンパラメトリック統計[28]のひとつである．同統計には，パラメトリック統計と比較したとき，幾つかの優位点がある．本研究においては，ノンパラメトリック統計および Cramer-Von Mises 統計量の以下の特徴に注目した．まず，①ノンパラメトリック統計は，データの汚れに対して頑健である．ここで用いるホーム・スキャン・パネル・データの場合，特定の消費者による大量のまとめ買いなどによって，観察値がばらつくことがあり，また，被験者の入力ミスも否定できない．また，②小標本の場合にも適用可能である．このため，製品数の少ない市場（たとえば，コーラ市場など）においても有用である．さらに，③Cramer-Von Mises 統計量は，順位付けされたデータを処理することに適している．これは，本研究において製品の順位に注目することと整合する．

　市場 $i=\{1, 2, \cdots, n\}$，期間 $j=\{1, 2, \cdots, T_i\}$ について，以下のアルゴリズム（第5-2図）によるモンテカルロ・シミュレーションを行う．ここで，アルゴリズムは全体を統制するものではなく，市場の構成要素である製品についての局所的なルールであることに注意しよう．すなわち，局所的（local）ルールから大域的（global）な構造である80/20法則が出現することを示そうとする．

　市場 i，期間 j は，具体的には，後述のように，市場 $i=\{$ソース市場，ケチャップ市場，$\cdots$，アルミホイル市場の13市場$\}$，期間 $j=\{1990年，

1991年,…, 1999年の10年}である．1期間の長さとして時間T，ここでは1年を考える．なお，以下のアルゴリズムは，市場i，期間jについて共通であるため，添え字ijは省略する．

第5-2図　「大域的な市場秩序の創発モデル」のアルゴリズム

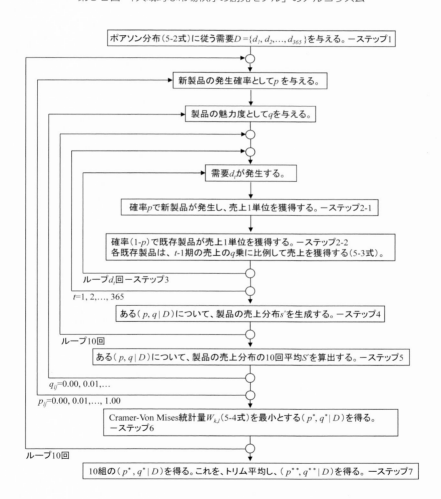

ポアソン分布(5-2式)に従う需要$D=\{d_1, d_2,…, d_{365}\}$を与える。－ステップ1

新製品の発生確率としてpを与える。

製品の魅力度としてqを与える。

需要d_tが発生する。

確率pで新製品が発生し、売上1単位を獲得する。－ステップ2-1

確率$(1-p)$で既存製品が売上1単位を獲得する。－ステップ2-2
各既存製品は、$t-1$期の売上のq乗に比例して売上を獲得する(5-3式)。

ループd_t回－ステップ3
$t=1, 2,…, 365$

ある$(p, q \mid D)$について、製品の売上分布s'を生成する。－ステップ4

ループ10回

ある$(p, q \mid D)$について、製品の売上分布の10回平均S'を算出する。－ステップ5

$q_{ij}=0.00, 0.01,…$

$p_{ij}=0.00, 0.01,…, 1.00$

Cramer-Von Mises統計量$W_{k,l}$(5-4式)を最小とする$(p^*, q^* \mid D)$を得る。
－ステップ6

ループ10回

10組の$(p^*, q^* \mid D)$を得る。これを、トリム平均し、$(p^{**}, q^{**} \mid D)$を得る。－ステップ7

ステップ1 需要の発生

時点 t において，ポワソン分布 $Po(\lambda)$ に基づいて，需要が発生する．具体的には，

$$f(d) = e^{-\lambda}\lambda^d / d! \qquad (5\text{-}2)$$

ただし，

d：ある時点における需要の発生量，

$f(d)$：その確率

となる．ここで，d は確率変数である．本研究においては，

$\hat{\lambda}=$ データから得られた100世帯当たりの購買個数の1日平均
（年間，市場全体）

を用いる[29]．

時点 t において，（5-2）式に基づくポワソン乱数を発生させる．これを，時点 t における需要の発生量 d_t （$t = 1, 2, \cdots, 365$）とする．さらに，その時系列を $D = \{d_1, d_2, \cdots, d_t, \cdots, d_{365}\}$ とする．ここでは，d_t は1日当たりの需要の発生量，D は1年間の需要の発生履歴となる．

第5-3図
需要の発生量の時系列 （D）
（コーラ市場，1999年）

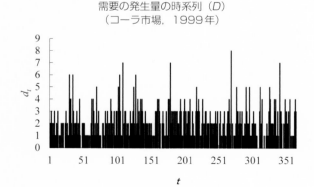

たとえば，1999年のコーラ市場においては，100世帯当たりの購買個数は678.0個（年間，市場全体）であった．これより，$\hat{\lambda}$=678.0/365=1.857と推定される．このときの，具体的なDを第5-3図に示す．

ステップ2-1　新製品の発生
　需要1単位が発生したとき，確率pで，新製品が発生する．このとき，当該新製品は売上1単位を獲得する．一方，確率（$1-p$）で，新製品は発生しない．このとき，既存製品が売上1単位を獲得する．ただし，t=1においては，pにかかわらず，売上規模1単位の新製品がd_1個発生するとする．

ステップ2-2　既存製品の成長
　需要が発生し，それを既存製品が売上として獲得するとき，（5-1）式に従い成長する．具体的には，t期（$t \geqq 2$）において，n個の既存製品が市場に存在するとき，需要1単位を売上として獲得する既存製品Mが，m位の製品である確率$P(M=m)$は，

$$P(M = m) = \frac{(S_m^{t-1})^q}{\sum_{r=1}^{n}(S_r^{t-1})^q} \qquad (5\text{-}3)$$

ただし，
$$S_r^t : t期におけるr位の製品の売上規模，$$
$$1 \leqq m \leqq n$$

となる．具体例として，1999年のコーラ市場（q=0.69，t=365）において，（5-3）式から得られる確率を第5-1表に示す．

ステップ3　需要の発生量によるループ
　時点tにおいて，需要の発生量d_t回だけステップ2-1〜ステップ

第5-1表
時点tにおいてm位の既存製品が売上1単位を獲得する確率

（コーラ市場，1999年，q=0.69，t=365）

順位r	売上規模s_r^{t-1}	$(s_r^{t-1})q$	確率$P(M=m)$
1	38598	1461.3	0.227
2	12071	655.2	0.102
3	8968	533.8	0.083
4	6973	448.7	0.070
5	5713	391.1	0.061
6	4169	314.6	0.049
7	3374	271.9	0.042
8	2579	225.9	0.035
9	2219	203.6	0.032
10	1964	187.2	0.029
11	1680	168.1	0.026
12	1380	146.7	0.023
13	1230	135.5	0.021
14	1020	119.1	0.019
15	825	102.9	0.016
16	750	96.3	0.015
17	690	91.0	0.014
18	630	85.4	0.013
19	555	78.3	0.012
20	495	72.3	0.011
21	420	64.6	0.010
22	390	61.4	0.010
23	345	56.4	0.009
24	300	51.2	0.008
25	255	45.8	0.007
26	225	42.0	0.007
27	195	38.0	0.006
28	180	36.0	0.006
29	150	31.7	0.005
30	120	27.2	0.004
31	120	27.2	0.004
32	105	24.8	0.004
33	105	24.8	0.004
34	90	22.3	0.003
35	75	19.7	0.003
36	45	13.8	0.002
37	45	13.8	0.002
38	45	13.8	0.002
39	30	10.5	0.002
40	15	6.5	0.001
41	15	6.5	0.001
42	15	6.5	0.001
合計	99168	6433.3	1.000

売上規模として，100世帯当たりの購買金額（年間）を用いる

2-2を繰り返す.

ステップ4　ある（$p, q \mid D$）における売上分布 $\hat{s}$ の生成
　時間 T について，ステップ2-1〜ステップ3を繰り返し，ある $(p, q \mid D)$ における製品の売上分布 $\hat{s}$ を生成する.

ステップ5　ある（$p, q \mid D$）における平均売上分布 $\hat{S}$ の算出
　ステップ2-1〜ステップ4を10回繰り返し，ある $(p, q \mid D)$ における製品の売上分布 $\hat{s}$ の10回平均として，平均売上分布 $\hat{S}$ を算出する.

ステップ6　(p, q) の変化
　p および q について，値を0.01ずつ変化させ（p =0.00, 0.01,⋯, 1.00, q =0.00, 0.01,⋯[30]），ステップ2-1〜ステップ5を繰り返す. 各 $(p, q \mid D)$ から得られた製品の平均売上分布 $\hat{S}$ について，観察データの分布関数 $F_k(s)$ とモデルに基づいてシミュレーションから発生した人工データの分布関数 $G_l(\hat{S})$ の差の2乗和である Cramer-Von Mises 統計量 $W_{k,l}$

$$W_{k,l} = \sum_{i=1}^{k+l} (F_k(s) - G_l(\hat{S}))^2 \qquad (5\text{-}4)$$

ただし，

$k:s$ における製品数
$l:\hat{S}$ における製品数

を最小とする $(p^*, q^* \mid D)$ を求める. なお, $\hat{S}$ における製品数 l とは，シミュレーションにおいて発生した製品数である.

ステップ7　($p^{**}, q^{**} \mid D$) の決定
　ステップ2-1〜ステップ6を10回繰り返し，10組の $(p^*, q^* \mid D)$ を得る. そして，10個の p^* および q^* について各々をトリム平均（最

小値と最大値を除く8個の値について単純平均）し，$(p^{**}, q^{**} \mid D)$ を得る．

　ここでは，上のアルゴリズムに沿ったモンテカルロ・シミュレーションを行う．すなわち，新製品が発生する確率と，各既存製品の成長率を個々に計算し，人工的な需要1単位ごとに，売上として製品へ振り分け，製品を成長させていく．次に，この計算によって生成された大小さまざまな製品を売上規模の順に並べ，観察された順位と規模の関係を再現できるかを検証する．そして，以上の手順を，市場 $i=\{1, 2, \cdots, n\}$，期間 $j=\{1, 2, \cdots, T_i\}$ について繰り返す．

　なお，本アルゴリズムにおいては，製品の退出は暗に考慮されている．すなわち，モンテカルロ・シミュレーションにおいて，ある既存製品がある時点以降に売上を獲得しなくなったとき，当該既存製品はその時点で退出したと見なすことができる．

5.3.2　データ

　データとして前述のホーム・スキャン・パネル・データを用いる．なお，対象とする市場および期間は，第4章と同様，以下の通りである．

- ・食品10市場：ソース，ケチャップ，バター，マーガリン・ファストスプレッド，インスタントカレー，調理済カレー，インスタントコーヒー，コーラ，果汁100%飲料，ビール，
- ・日用品3市場：重質洗剤，シャンプー，アルミホイル．

1990年1月1日〜1999年12月31日のデータについて暦年単位で集計し，13市場×10年＝130ケースについて検討する．ここでは，製品の規模として売上金額を用い，100世帯当たりの購買金額を用いる．

5.4 シミュレーション結果

観察データへの適合

　上の方法に基づいてモンテカルロ・シミュレーションを行った. ここでは, そのうち 1999 年のコーラ市場から得られた結果を紹介する. データによれば, 本市場の概要は以下の通りである.

- 製品数: 52 アイテム,
- 市場全体の 100 世帯当たりの購買金額 (年間): 106,698 円,
- 購入世帯比率: 61%,
- 製品の平均単価: 150.0 円,
- 主要な製品 (金額シェア):
  - 第 1 位: 日本コカ・コーラ「コカ・コーラ　ペットボトル 1.5L」(42%),
  - 第 2 位: 日本コカ・コーラ「コカ・コーラ　ペットボトル 500ml」(10%),
  - 第 3 位: サントリー「ペプシコーラ　ペットボトル 1.5L」(8%).

　1999 年のコーラ市場についてシミュレーションを行ったとき, $p=0.11$, $q=0.69$ の場合に, モデルがデータに最もよく適合した. このとき, 観察データの製品数は 52, シミュレーションによって生成された製品数は 42 であった.

　観察データの分布関数 $F(s)$, 人工データの分布関数 $G(\hat{S})$ を, 第 5-4 図に示す. (5-4) 式から得られた Cramer-Von Mises 統計量 W を $\sum_{i=1}^{k+l} F(s)^2$ で除した R

$$R = \sqrt{\frac{\sum_{i=1}^{k+l}(F(s)-G(\hat{S}))^2}{\sum_{i=1}^{k+l}F(s)^2}} \qquad (5\text{-}5)$$

の値は，R =0.01935と極めて小さかった．これより，データから観察された売上分布と，シミュレーションから得られた売上分布は，よく一致することが示された．

また，観察データによる製品の順位と規模の関係と，シミュレーションから発生した人工データによる製品の順位と規模の関係は，視覚的にもよく一致した（第5-5図）．

さらに，モデルの現実的な説明力を検討するため，製品の売上規模について，観察データとシミュレーションによる人工データを比較した．以下に示す．

	観察データ	シミュレーション結果
製品数	52	42
累積市場シェア		
上位3位まで	60%	59%
上位5位まで	73%	72%
上位10位まで	87%	87%
上位20位まで	97%	97%
上位30位まで	99%	99%

累積市場シェアによれば，観察データと人工データはよく一致した．データにおける製品数に比べ，シミュレーションから得られた製品数が少ないものの，観察データ，人工データともに，上位30製品で99%の累積市場シェアを有することを考慮すると，売上規模のごく小さい製品の数の違いを，問題視する必要はない．

パッケージ財13市場を対象に，1990年から1999年までの10年間について，シミュレーションを行ったとき，いずれの市場，期間においても，（5-5）式によれば，データによる売上分布と，人工データによる売上分布とは，よく一致した（第5-2表）．また，視覚的な適合も良好であった．

以上により，シミュレーション・モデルにおいて，観察データによく適合する製品の売上分布が生成できることが示された．そして，

第5-4図
分布関数
（コーラ，1999年）

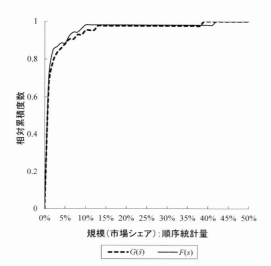

相対累積度数

規模（市場シェア）：順序統計量

$G(\hat{s})$ $F(s)$

第5-5図
シミュレーション結果
（コーラ，1999年）

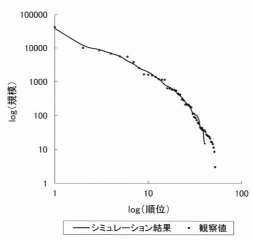

log（規模）

log（順位）

シミュレーション結果   ・ 観察値

観察データは，Mandelbrotモデルによく適合することから（第4章），シミュレーションによって生成された人工データも，Mandelbrotモデルによく適合することになる．すなわち，ポワソン分布に従って需要が発生し，新製品が発生する確率と，既存製品の成長率を与えるとき，Mandelbrotモデルによって表現される普遍的な構造が出現することが示された．

5.5　仮想データの生成

　さらに，任意のp, qについて，モンテカルロ・シミュレーションによって人工データを生成した（$T=1000$）．そして，（4-1）式・Mandelbrotモデルで定式化された80/20法則に適合するデータが生成されることを確かめた．

　まず，新製品の発生確率$p=0$のとき市場において製品が発生しないので，（4-1）式に適合するデータは生成されない．次に，$p=1$のとき，製品は発生するものの，発生した製品は売上を1単位しか獲得できないため，同様に（4-1）式に適合するデータは生成されない．

　一方，$0<p<1$, $0 \leqq q$の任意の（p, q）においては，決定係数および視覚的な適合によれば，（4-1）式・80/20の法則に適合するデータが生成される．なお，$p>0.9$のとき，決定係数および視覚的な適合が良好ではなかった．この理由として，需要の発生量が不足することにより，下位の製品において適合が良くないことが挙げられる．十分な需要を発生させることにより，適合度は改善すると考えられる．

　この結果は以下を意味する．市場は，一見して自由で無秩序であるにもかかわらず，あまねく市場において80/20法則に従う普遍的な構造が存在する（4章）．そして，製品が確率的に発生し，時間の経過に従って確率的に成長するという局所的ルールを与えたとき，（新製品の発生確率や製品の成長率にかかわらず）80/20の法則という大域的なマクロ現象が決定論的に生成される．パラメーターの値（p, q）

第5-2表　シミュレーション結果（食品）

市場	年	製品数 データ	製品数 シミュレーション	p	q	R
ソース	1990	137	84	0.26	0.96	0.01752
	1991	150	87	0.30	0.96	0.01603
	1992	157	84	0.30	1.02	0.01917
	1993	150	81	0.28	0.99	0.02107
	1994	139	80	0.26	0.98	0.01896
	1995	130	82	0.28	1.06	0.01791
	1996	156	77	0.31	1.12	0.02182
	1997	149	89	0.30	1.07	0.01434
	1998	155	78	0.31	1.00	0.02435
	1999	159	79	0.30	1.06	0.01829
ケチャップ	1990	82	61	0.20	0.91	0.01850
	1991	88	60	0.18	0.92	0.01852
	1992	83	53	0.18	0.82	0.02534
	1993	76	55	0.19	0.87	0.02057
	1994	80	50	0.20	0.92	0.02229
	1995	93	58	0.23	0.97	0.02310
	1996	94	68	0.23	0.96	0.01093
	1997	84	58	0.20	0.96	0.01568
	1998	87	63	0.23	0.96	0.01483
	1999	94	62	0.24	0.94	0.01918
バター	1990	42	35	0.11	0.63	0.01752
	1991	42	31	0.11	0.64	0.01603
	1992	38	29	0.09	0.54	0.01917
	1993	43	37	0.15	0.75	0.02107
	1994	53	45	0.15	0.69	0.01896
	1995	55	37	0.14	0.56	0.01791
	1996	66	44	0.16	0.71	0.02182
	1997	51	34	0.12	0.61	0.01434
	1998	49	39	0.12	0.60	0.02435
	1999	52	42	0.14	0.71	0.01829
マーガリン ・ファストスプレッド	1990	87	71	0.17	0.59	0.02199
	1991	84	71	0.17	0.58	0.02070
	1992	78	65	0.17	0.60	0.01972
	1993	85	65	0.19	0.66	0.02776
	1994	76	57	0.16	0.63	0.01826
	1995	63	52	0.17	0.66	0.01937
	1996	69	60	0.17	0.65	0.01113
	1997	62	58	0.17	0.66	0.01233
	1998	69	60	0.18	0.66	0.01636
	1999	67	54	0.17	0.65	0.02590
インスタントカレー	1990	251	169	0.42	0.68	0.01152
	1991	263	171	0.42	0.69	0.01860
	1992	233	152	0.35	0.68	0.01721
	1993	237	134	0.36	0.69	0.02189
	1994	225	130	0.34	0.74	0.02541
	1995	221	150	0.35	0.72	0.01225
	1996	219	124	0.32	0.64	0.03367
	1997	217	123	0.32	0.66	0.03027
	1998	181	124	0.29	0.60	0.02149
	1999	179	113	0.30	0.62	0.03150

市場	年	製品数		p	q	R
		データ	シミュレーション			
調理済みカレー	1990	105	92	0.30	0.50	0.02644
	1991	131	122	0.36	0.41	0.01471
	1992	137	105	0.35	0.40	0.03536
	1993	161	129	0.38	0.53	0.01392
	1994	191	144	0.42	0.58	0.02004
	1995	198	143	0.39	0.54	0.02062
	1996	230	157	0.48	0.63	0.01851
	1997	264	174	0.51	0.73	0.01691
	1998	286	188	0.51	0.89	0.01133
	1999	364	198	0.55	0.86	0.01471
インスタントコーヒー	1990	124	66	0.26	0.95	0.02517
	1991	128	69	0.25	0.89	0.02725
	1992	126	71	0.26	0.91	0.02521
	1993	137	79	0.26	0.93	0.02108
	1994	135	70	0.25	0.93	0.02362
	1995	163	84	0.31	0.94	0.02308
	1996	154	71	0.27	0.94	0.03105
	1997	152	70	0.27	0.94	0.02880
	1998	147	76	0.26	0.88	0.02875
	1999	162	74	0.27	0.88	0.03323
コーラ	1990	34	28	0.06	0.52	0.03856
	1991	46	32	0.07	0.68	0.03735
	1992	57	43	0.09	0.57	0.02944
	1993	58	51	0.13	0.64	0.01774
	1994	78	69	0.16	0.70	0.01081
	1995	85	85	0.21	0.80	0.00771
	1996	86	68	0.18	0.82	0.01097
	1997	70	47	0.13	0.78	0.02344
	1998	62	46	0.11	0.74	0.02531
	1999	52	42	0.11	0.69	0.01935
果汁100%飲料	1990	489	266	0.68	0.91	0.00935
	1991	505	270	0.66	0.82	0.01163
	1992	505	266	0.67	0.81	0.01279
	1993	556	285	0.71	0.82	0.00974
	1994	561	275	0.71	0.77	0.01311
	1995	606	276	0.72	0.84	0.01275
	1996	591	282	0.69	0.71	0.01246
	1997	542	262	0.67	0.68	0.01771
	1998	504	238	0.63	0.71	0.01257
	1999	474	217	0.59	0.65	0.01855
ビール	1990	240	145	0.38	0.80	0.01940
	1991	295	154	0.41	0.73	0.02334
	1992	260	147	0.38	0.72	0.02547
	1993	269	144	0.37	0.68	0.03151
	1994	280	140	0.37	0.73	0.02883
	1995	359	157	0.43	0.82	0.02727
	1996	351	154	0.42	0.88	0.02111
	1997	343	143	0.50	0.67	0.03731
	1998	349	131	0.53	0.75	0.04549
	1999	343	113	0.53	0.77	0.04718

第5-2表　シミュレーション結果（日用品）

市場	年	製品数		p	q	R
		データ	シミュレーション			
重質洗剤	1990	130	86	0.26	0.95	0.01409
	1991	137	88	0.27	0.86	0.01712
	1992	141	93	0.28	0.90	0.01969
	1993	122	73	0.23	0.82	0.03055
	1994	113	77	0.23	0.80	0.02045
	1995	136	83	0.25	0.76	0.03324
	1996	153	89	0.29	0.80	0.02615
	1997	128	70	0.24	0.89	0.02670
	1998	120	69	0.21	0.83	0.02529
	1999	125	79	0.25	0.86	0.02358
シャンプー	1990	435	194	0.66	0.97	0.01437
	1991	481	202	0.72	0.97	0.01859
	1992	512	200	0.71	0.98	0.01810
	1993	501	203	0.72	1.11	0.01332
	1994	421	170	0.63	1.11	0.01594
	1995	475	203	0.73	1.15	0.01097
	1996	493	196	0.71	1.16	0.00998
	1997	482	211	0.69	1.13	0.00821
	1998	495	213	0.72	1.13	0.01317
	1999	573	226	0.76	1.13	0.00950
アルミホイル	1990	81	57	0.26	0.92	0.02455
	1991	86	54	0.27	0.92	0.03643
	1992	88	68	0.27	0.96	0.02297
	1993	85	58	0.27	0.96	0.02688
	1994	75	56	0.26	0.97	0.01983
	1995	64	51	0.21	0.84	0.02919
	1996	71	51	0.24	0.87	0.02925
	1997	64	55	0.23	0.84	0.02601
	1998	67	46	0.26	0.89	0.03360
	1999	71	50	0.25	0.87	0.03192

を外的に操作することなしに，任意の値において普遍的な構造に至るという点で，80/20法則は自己組織的，すなわち内在的・自発的に出現する．

　ここで，製品の発生と成長は，市場におけるごくありふれた当然の営みである．そして，市場における当然の営みが，80/20法則として表現される歪んだ市場を常に生み出す．本書のタイトルである「市場はなぜいつも歪んでいるのか」に対する答は，80/20法則として表現される市場の歪みは，市場におけるありふれた営みによる必然の結果であるからである．

5.6 考察と検討

パラメーター p, qの値と，順位と規模の関係

　市場構造の生成モデルにおいて，p, qの値が変化するとき，製品の順位と規模の関係がどのように変化するかを考える．シミュレーション・モデルにおいて，(p, q)を与えたときの製品の順位と規模の関係を第5-6図と第5-7図に示す．すなわち，

- ・パラメーターpが大であるとき，多数の新製品が発生し，市場の集中度は低くなる．このとき，両対数グラフにおいて，製品の順位と規模の関係を示す曲線の傾きは小さく，順位は右に長く裾をひく（第5-6図実線）．
- ・パラメーターpが小であるとき，発生する新製品は少なく，市場の集中度は高くなる．このとき，曲線の傾きは大きく，順位は右に裾を引かない（第5-6図点線）．

- ・パラメーターq<1のとき，規模が大である製品の売上成長率は，（規模が小である製品に比べ）相対的に小である．このとき，曲線は上に凸となる（第5-7図細線）．
- ・パラメーターq=1のとき，比例効果の法則が働き，製品の規模にかかわらず，売上成長率は等しくなる．このとき，曲線の形は線形となる（第5-7図太線）．
- ・パラメーターq>1のとき，規模が大である製品の売上成長率は，（規模が小である製品に比べ）相対的に大である．このとき，曲線は下に凸となる（第5-7図点線）．

　以上，パラメーターpとqの値を変化させたとき，製品の順位と規模の関係がどのように変化するかを，視覚的に示した．

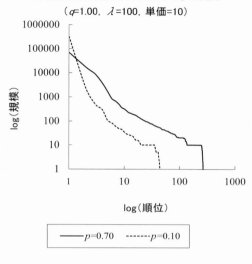

第5-6図
市場構造の生成モデルにおけるpの変化
（q=1.00，λ=100，単価=10）

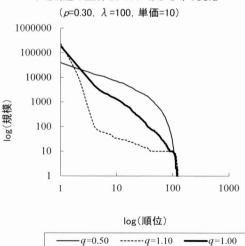

第5-7図
市場構造の生成モデルにおけるqの変化
（p=0.30，λ=100，単価=10）

生成される製品数の検討

　観察データに比べ，シミュレーションにおいて生成された製品数が少なかった理由を，考える．本研究では，ある (p, q) について，製品の売上分布 $\hat{s}$ を10回生成し，平均売上分布 $\hat{S}$ を計算した（5.3ステップ5）．この結果，シミュレーションにおいて生成される売上規模（個数ベース）の最小値は0.1個となる．もし，売上規模が0.1個未満である製品を生成しようとすれば，平均売上分布 $\hat{S}$ の算出にあたって，より多数の売上分布 $\hat{s}$ を生成する必要がある．一方，データにおいては，売上規模（100世帯当たりの購買個数）が0.1個未満の製品が数多く観察される．たとえば，1998年の重質洗剤市場においては，当該製品が全120製品中に24製品あった．

　このことから，シミュレーションにおいて生成された製品数が少ない理由のひとつとして，売上分布 $\hat{s}$ の生成数が少なかったことより，規模がごく小さい製品を生成できないことが挙げられる．より多数の売上分布 $\hat{s}$ から平均売上分布 $\hat{S}$ を算出するならば，データと同程度の製品数を生成できるだろう．事実，売上分布 $\hat{s}$ の生成数を増加させたとき，平均売上分布 $\hat{S}$ における製品数は増加した．また，需要発生量を決定する λ（5-2式）の値を増加させたときにも，製品数は増加した．

　売上分布 $\hat{s}$ の生成数を増加させたとき，人工データにおける製品数は，観察データにおけるそれに近づいた．しかしながら，前述のように理論的にも実務的にも，規模がごく小さい製品の数を問題視する必要はないため，本研究において，10個の売上分布 $\hat{s}$ から平均売上分布 $\hat{S}$ を算出したことは妥当である．

5.7　まとめ

　本章では，普遍的な構造を生成するメカニズムを考察するため，普遍的な市場構造の生成モデル（Global Market Order Emergence Model）を提案した．まず，Mandelbrotモデルにおいてパラメーター a およ

びkが，それぞれ新製品の発生および製品の売上成長に関係することに注目し，以下の局所的ルールを考えた．ポワソン分布に従って需要が発生する．このとき，確率pで新製品が発生し，新たな売上1単位を獲得する．一方，確率（1-p）で，既存製品が追加的な売上を獲得する．そして，既存製品の売上成長率は，製品の魅力度qに依存する．

　次に，モンテカルロ・シミュレーションにより，製品の売上分布を生成した．このとき，観察データの売上分布とシミュレーションから発生した人工データの売上分布は，よく一致した．観察データは，Mandelbrotモデルによく適合することから（第4章），シミュレーションから発生した人工データも，Mandelbrotモデルによく適合することになる．これより，シミュレーション・モデルによって，Mandelbrotモデルで表現される製品の順位と規模の関係が生成されることが示された．すなわち，需要がポワソン分布に従って発生し，製品が確率的に発生，時間の経過に従って確率的に成長するとき，市場の普遍的な構造が出現することが明らかにされた．

　さらに，任意の（p, q）からMandelbrotモデルに適合する人工データを生成できることを確認した．すなわち，需要が確率的に発生し，製品が確率的に発生・時間の経過に従って確率的に成長するとき，（新製品の発生確率や製品の成長率にかかわらず）80/20の法則で表現される大域的なマクロ現象が決定論的に出現する．パラメーターの値（p, q）を外的に操作することなく，任意の値において普遍的な構造に至る点で，80/20法則は自己組織的に出現すると理解できる．

　以上の議論より，新製品の発生確率pと製品の非対称な成長率を規定するqは，注目すべきパラメーターであることを理解できる．そこで，次章において，p, qについてより詳しく考察する．そして，経験的な視点から，これまでの議論の妥当性を検討すると共に，実務的な示唆を導出する．

6 マーケティング戦略への示唆

6.1 はじめに

　前章において，シミュレーション・モデル「普遍的な市場構造の生成モデル」を構築し，普遍的な市場構造が生成されるメカニズムを考えた．具体的には，新製品の発生確率 p と，製品の魅力度 q に依存する製品の非対称な成長率を考えた．このとき，観察データの売上分布とシミュレーション・モデルによって生成された人工データの売上分布は，よく一致した．これにより，製品がランダムに発生し，時間の経過に従ってランダムに成長するとき，Mandelbrot モデルで表現される普遍的な市場構造が出現することが明らかにされた．そして，製品がランダムに発生し，時間の経過に従ってランダムに成長することは，市場における当然の現象である．これにより，80/20 法則で表現される構造は，市場における必然的な現象であることを理解できる．

　ここでは，パラメーター p と q の含意について，マーケティング戦略の視点から検討する．具体的には，経験的な観点から，これまでの議論の妥当性を検討すると共に，戦略的な提案を導出する．なお，製品の魅力度 q によって決定される成長率とは，製品規模の大小に依存した，製品間で異なる非対称な成長率であることを改めて強調したい．すなわち，製品が時間経過に従って成長するとき，ある市場において，製品規模が大である製品の成長率が相対的に高い一方，別の市場では製品規模が小である製品の成長率が相対的に高いなど，製品規模の大小に依存した非対称な成長率を市場ごとに観察できる．

6.2 戦略的な提案

　Mandelbrotモデルによって表現される普遍的な構造が，あまねく
パッケージ財市場で観察できる．そして，シミュレーション・モデ
ルにおいてパラメーターpおよびqを与えたとき，80/20法則に従う
普遍的な構造が出現する．このことから，pとqを用いて，あまね
くパッケージ財市場を記述・分析できる．以下，pとqは市場を分
析するための有効な指標であることを，経験的な視点から検討する．
具体的には，pとqに注目した市場の記述・分析と，市場に対する
一般的な認識とが合致することを，具体的な事例を用いて示す．さ
らに，この分析に基づいて，マーケティング戦略への提案を行なう．
　なお，パラメーターpとqを与えたとき，あまねく市場において
普遍的な構造が出現するとき，市場ごとに，pとqの値は異なるこ
とに注意したい．ここで，パラメーターの値は各市場の特性を示す
と理解できる．

（1）市場を規定する要因の分析
　製品の発生と（魅力度によって決定される）成長という視点を用いる
ことにより，市場を表面的に観察するだけでは得られない，個別市
場の特性を規定する要因を探索できる．すなわち，観察可能なpお
よびqを観察することにより，市場の内的な性質を理解できる．具
体的な分析事例を6.3.1に示す．

（2）市場間の空間的比較
　製品の発生と成長という，あまねく市場に共通である視点に依拠
することにより，複数の市場を直接比較できる．これは，市場を規
定する要因の空間的比較である．既存の市場構造分析においては，
特定の市場に照射した分析が主であった．ある特定の市場において
用いられた手法を，他の市場において用いることは可能であったも

のの，ある市場から得られた結果と，他の市場から得られた結果と
を直接比較することは，必ずしも容易ではなかった．産業組織論に
おいて用いられるジニ係数，ハーフィンダル指数などの市場集中度
の測定手法は，その僅かな例である．しかしながら，これらの手法
がマーケティング研究・実務において用いられることは極めて稀で
ある．さらに，パラメーターpとqを導出したシミュレーション・
モデルにおいては，市場集積を市場シェアのみならず複眼的に捉え
ている点，特定の関数とルールとを考えている点で，これらの手法
より優れている．

　本研究において，任意の市場に共通な指標であるパラメーターp
とqに注目することにより，複数の市場を直接比較できる．ここで
は，pとqの値の大小に応じて，市場を4つに類型化し，各々の市
場が持つ特性を整理・解釈する．具体的な分析事例を6.3.2で示す．

（3）市場の時系列分析

　製品の発生と成長という視点から，市場の時間的な変化を追跡で
きる．これは，市場を規定する要因の時間的な比較である．具体的
な分析事例を6.3.3で示す．

（4）ポートフォリオ戦略への示唆

　複数の市場を直接比較し，さらに，その時系列変化を追跡するこ
とにより，ポートフォリオ戦略への有益な示唆が得られる．たとえ
ば，トイレタリー・メーカーは，複数の市場で資源を展開する（石
鹸市場，ボディ・シャンプー市場，シャンプー市場，リンス市場，重質洗剤市
場，台所用洗剤市場，トイレ用洗剤市場など）．このとき，有限である資
源をどの市場に振り向けるかというポートフォリオ戦略が重要とな
る．市場間の空間的比較（6.3.2の類型化）に基づいて，ポートフォリ
オ戦略への具体的な示唆を，6.3.4で導出する．

6.3　分析事例

6.3.1　市場を規定する要因の分析

　製品の発生と成長という視点を用いることにより，市場を表面的に観察するだけでは得ることができない，個別市場の特性を規定する要因を探索できる．具体的な分析事例は以下の通りである．

　インスタントコーヒーとビールは，いずれも嗜好飲料であるものの，市場集中度は大きく異なっている．すなわち，インスタントコーヒー市場においては，「ネスカフェ・ゴールド・ブレンド」が圧倒的な売上シェアを有するなど，上位10%の製品が売上シェアの81%を占有する（1999年）．一方，ビール市場においては，上位10%の製品が売上シェアの72%を占有するに過ぎない．ここで，両市場の差異の原因は何かという疑問がわく．

　両市場の市場集中度が異なる理由として，新製品の発生の違いを指摘できる．すなわち，新製品の発生確率p（1999年）は，インスタントコーヒー市場では0.27（$q=0.88$）であるのに対し，ビール市場では0.53（$q=0.77$）であった．

　全日本コーヒー協会（1993）によれば，インスタントコーヒーの嗜好について，コーホート（世代）効果を指摘できる．すなわち，時代効果や年齢効果に比べ，コーホート効果が大きく，具体的には1952年生まれ世代の嗜好が最も強い．これは，インスタントコーヒーが海外から流入したとき，その世代が主なユーザーであったことが原因と考えられる．

　コーホート効果が存在するとき，既存ユーザーの支持を維持することが重要となる．このため，インスタントコーヒー市場において，既存製品の成長・維持が特に重視される．たとえば，少なくとも1999年までの10年間においては，ネスレ日本社の主な売上は，「ネスカフェ・ゴールド・ブレンド」と「ネスカフェ・エクセラ」の2

ブランドによってもたらされた．そして，両ブランドのテレビCM
は，一貫して，変わらぬブランドイメージ訴求し続けてきた．これ
らは，新製品の発生確率 p が低いことと整合する．

　一方，ビール市場においては，消費者は製品選択にあたって，デー
タ収集時点では「鮮度（目新しさ）」が重視された．このため，ビー
ル各社は，春および秋に一斉に新製品や季節限定製品などを発売し，
消費者の購買を喚起しようとする．これは，新製品の発生確率 p が
高いことと整合する．以上，市場を比較する共通な指標として，パ
ラメーター p と q に注目することにより，個別市場の特性を規定す
る潜在的な要因を探索できる．

6.3.2　市場間の空間的比較

　製品の発生と成長という，任意の市場に共通である視点に注目す
ることにより，複数の市場を直接比較できる．ここでは，パラメー
ター p と q の値に応じて，市場を4つに類型化し（第6-1図），各々の
市場が持つ特性を整理する．具体的には，以下のように解釈できる．

（a）パラメーター p が小，q が大である市場
　本市場においては，新製品が出現しにくく，かつ上位の製品の売
上成長率は相対的に高い（パラメーター q と売上成長率との関係は
5.2.（C））．このため，市場シェアは集中する．すなわち，売上規模
が大である少数の製品（たとえば，ブランド力のあるガリバー製品）が，
市場を支配する．このとき，幾何学的特徴として，製品の順位と規
模の関係を示す曲線は，傾きは大であり，順位は右に裾を引かない．
曲線は上に凸であっても線形に近いか，下に凸となる（第6-2図）．
本市場を「保守的市場」と名付けよう．

（b）パラメーター p が大，q が小である市場
　新製品が頻繁に出現する一方，上位の製品の売上成長率は相対的

第6-1図
大域的な市場構造の生成モデルによる市場の類型化

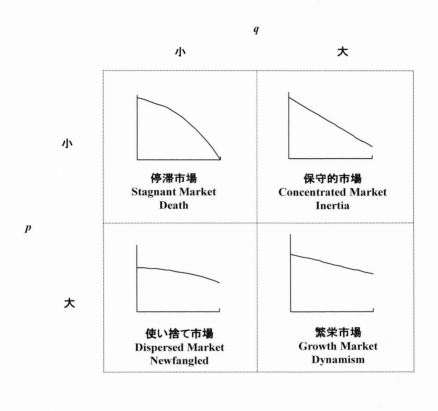

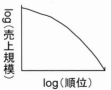

図中のグラフは、(4-1)式によって表現
される製品の順位と規模の関係を示す

第6-2図
製品の順位と規模の関係（保守的市場）
（p=0.10, q=1.00, λ=10, 単価=10）

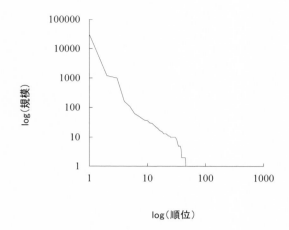

に低い（5.2.（C））．新製品が頻繁に生まれるも市場に定着しにくい
ため（多産多死），多くの製品が市場シェアを分かち，市場集中度は
低い．このとき，製品の順位と規模の関係を示す曲線の傾きは小さ
く，順位は裾を右に長く引く．曲線は上に凸となる（第6-3図）．本
市場を「使い捨て市場」と名付けよう．

（c）パラメーター p が小，q が小である市場

　新製品が出現しにくく，かつ上位の製品の売上成長率は相対的に
低い．僅かな新製品しか生まれないものの，上位になるに従って売
上成長率は低下する．ただ，市場は変化に乏しいため，市場集中度
は低くはない．幾何学的特徴として，製品の順位と規模の関係を示
す曲線の傾きは大きく，順位は右に裾を引かない．曲線は上に凸と
なる（第6-4図）．本市場を「停滞市場」と名付けよう．

第6-3図
製品の順位と規模の関係（使い捨て市場）

（ρ=0.50, q=0.50, λ=10, 単価=10）

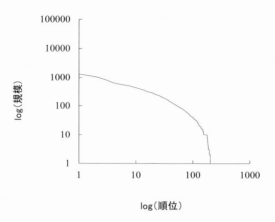

第6-4図
製品の順位と規模の関係（停滞市場）

（ρ=0.10, q=0.50, λ=10, 単価=10）

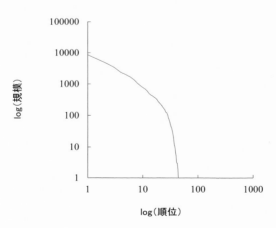

(d) パラメーター p が大，q が大である市場

　新製品が頻繁に出現する一方，上位の製品の売上成長率は相対的に高い．上位製品の売上成長率は高いものの，市場の変化が早いため，市場集中度は高くはない．幾何学的には，製品の順位と規模の関係を示す曲線の傾きは小さく，順位は右に裾を長く引く．曲線は上に凸であっても線形に近いか，下に凸となる（第6-5図）．本市場を「繁栄市場」と名付けよう．

第6-5図
製品の順位と規模の関係（繁栄市場）
（p=0.50, q=1.00, λ=10, 単価=10）

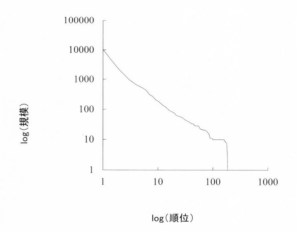

log（規模）

log（順位）

　第5章におけるシミュレーションから得られたパラメーター（p, q）の分布を第6-6図に示す．pを縦軸，qを横軸にとり，13市場×10年間=130の（p, q）を布置する．p, qの単純平均は各々0.33，0.81であることから，この値の近傍をもって，市場を上の4類型に分類できる．ただし，p, qの絶対値をもって，市場を単純に分類すべきではない．それは，市場をどう分類すべきかは，絶対値の大小のみならず，相対的な関係や変化などにも注意すべきであることによ

る．以下，各々の市場について事例を紹介し，この類型化が経験的
にも妥当であることを示す．

第6-6図
普遍的な市場構造の生成モデルにおけるpとqの分布

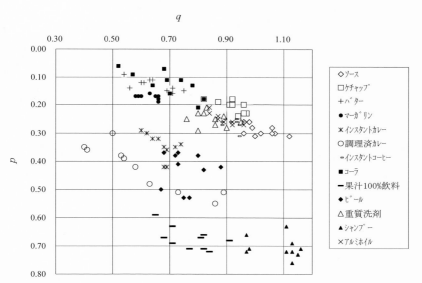

（a）保守的市場

　保守的市場の具体例として，ケチャップ市場（1999年）が挙げら
れる．ケチャップ市場の特徴は，上位製品へ売上が集中しており，
かつ新製品の参入余地がほとんどないことである．

　具体的には以下の通りである．ケチャップ市場においては，流通
する製品数はごく僅かである（製品数は，1990年：82，1999年：94）．
また，カゴメ「トマトケチャップ　チューブ500g」というガリバー
製品が存在する（同製品の市場シェアは，1990年：36.8%，1999年：
36.3%）．さらに，ケチャップ市場においては，新たな製品が参入す
る余地はほとんどない．この背景は以下の通りである．①「カゴメ」

「デルモンテ」という強力ブランドが存在し，他ブランドの参入を許さないこと，②サイズ（500gを中心に，12g×10個の携帯用から，200g，300g，400g，700g，800g，1kg）および容器（チューブ，瓶，ペットボトルなど）とも充実しているため，新たな容器拡張やサイズ拡張の余地がほとんどないこと，③一般に，基礎調味料の場合，消費者が味覚に対して保守的であることなどである．これらの現象は，ケチャップ市場（1999年）が，pが低く（$p=0.24$），qが高い（$q=0.94$）保守的市場に分類されることと整合する．また，ソース市場についても同様の指摘ができる．

（b）使い捨て市場

使い捨て市場の具体例として，調理済みカレー市場（1999年）が挙げられる．家庭においてカレーを調理する際，かつてはインスタントカレーが用いられことが多かった．インスタントカレーを調理する場合，固形または粉末のルーに，水と肉・野菜などの具を加え鍋で煮る．このとき，調理に手間がかかり，ある程度の熟練が必要となる．一方，調理済みカレーは，ルーと具があらかじめ調理され，機密性容器にパッケージされている．鍋や電子レンジなどによって暖めるだけで，簡単に美味しいカレーを作ることができる．このため，簡便性を重視する消費者を中心に，インスタントカレーから調理済カレーへのスイッチが発生し，調理済みカレー市場は急速に拡大してきた．

調理済みカレー市場の特徴は以下の通りである．市場全体が急速に拡大していること（100世帯当たりの購買金額は，1990年：64,592円から1999年：102,888円へと大幅に増加），製品には目新しさ・刺激などが要求されること（たとえば，1999年における売上シェア第1位および第2位の製品は，子供に人気のある「ポケットモンスター」のキャラクターを冠した製品であった）などである．この理由は以下の通りである．まず，①調理済みカレーは，一食分がパックされ調理が簡便であるため，主なターゲットおよび用途として，家族全員が一同に会して食するの

ではなく，独身の会社員・学生・子供など一人で食することが挙げられる．彼らは移り気な消費者であり，製品を頻繁にスイッチする（バラエティ・シーキング）．次に，②ネーミングやパッケージなどを変更することや，キャラクターを付与することなどによって，既存製品を転用して，容易に新製品を開発することができる．最後に，③市場の拡大，刺激を求める消費者のニーズ，さらに新製品開発の容易さなどによって，新製品が盛んに投入され（製品数は，1990年：105から1999年：364へと大幅に増加），売上上位の製品が頻繁に入れ替わってきたため，中核的なリーダー製品が存在しない．これらの現象は，調理済みカレー市場（1999年）が，p が高く（$p=0.55$），q が低い（$q=0.86$）使い捨て市場に分類されることと整合する．

(c) 停滞市場

停滞市場の具体例として，インスタントカレー市場（1999年）が挙げられる．前述のように，インスタントカレーから調理済カレーへのスイッチが発生し，インスタントカレー市場は調理済みカレーに浸食されてきた．インスタントカレー市場の特徴は以下である．すなわち，市場全体が縮小傾向にあること（100世帯当たりの購入金額は，1990年：227,478円から1999年：182,105円へ減少），市場が縮小するに従って，既存製品への積極的なマーケティング投資や新製品の投入が手控えられつつあること（これにより製品数は，1990年の251から1999年には179へと減少）などである．これらの現象は，インスタントカレー市場（1999年）が，p が低く（$p=0.30$），q が低い（$q=0.62$）停滞市場に分類されることと整合する．また，マーガリン市場についても同様の指摘ができる．

(d) 繁栄市場

繁栄市場の具体例として，シャンプー市場（1999年）が挙げられる．シャンプー市場の特徴は以下の通りである．まず，①化粧品と同様，消費者は製品の購入に際して，ブランドを重視する傾向にある．こ

のため，「メリット」「ヴィダルサスーン」「スーパーマイルド」「植物物語」「ナイーブ」など強いブランド力を有する定番製品が，市場を支配している．また，②用途・ベネフィット・USPなどに応じて，市場が細かくセグメンテーションされている（たとえば，「ダメージヘア用シャンプー」「フケ取り用シャンプー」「リンスイン・シャンプー」「低刺激シャンプー」「UV対策シャンプー」「男性用シャンプー」「子供用シャンプー」など）．そして，③技術革新や消費者ニーズの掘り起こしなどによって，新たなセグメントを創造し，そこに新製品を投入することが可能である．さらに，④主なターゲットである若い女性はブランドを重視する一方，新しい刺激を常に求め，移り気でもある．このため，企業は，既存製品の売上規模を維持するために，広告宣伝やライン拡張などのマーケティング投資を積極的に行うと同時に，新製品を定期的に投入する必要がある．これらの現象は，シャンプー市場（1999年）は，pが高く（$p=0.76$），qが高い（$q=1.13$）繁栄市場に分類されることと整合する．

6.3.3　市場の時系列分析

　新製品の発生確率pと製品の非対称な成長率を規定する魅力度qの時系列変化を追跡することにより，市場の静的な特性のみならず，その時間的変化も観察できる．これにより，将来の市場特性を予見することができるかもしれない．ここでは，p，qに注目した市場の変化と，市場の変化に対する一般的な認識とが合致することを，具体的な事例を用いて示す．

（1）果汁100%市場
　果汁100%市場においては，10年間でqが急速に低下してきた．すなわち，$q=0.91$（1990年）から0.65（1999年）へ低下し，同時に$p=0.68$（1990年）から0.59（1999年）へ低下した．すなわち，製品の魅力度が低下し，上位製品の売上成長率が鈍化した．事実，果汁

100%市場においては，競争環境が大きく変化してきた．まず，1990年時点では，消費者は製品の購買に際してブランドを重視する傾向にあった．このことは，「ドール」「サンキスト」などの世界的な有名ブランドや，「農協」，愛媛県農協「ポンジュース」など知名度の高いブランドが，高い売上シェアを有していたことからわかる．一方，1999年においては，値引きや大量陳列などの店頭プロモーションが，売上高に大きな影響を与えるようになった．これは，以下から理解できる．すなわち，①製品の平均単価が，166.6円（1990年）から149.7円（1999年）に下落したこと，②チャネルが変化したこと（値引きを中心とする店頭プロモーションを積極的に展開するスーパーにおける売上シェアが拡大する一方，店頭プロモーションに消極的で，ブランド力を重視した販売を行うコンビニエンス・ストアの売上シェアが縮小した．すなわち，スーパーのシェアは，61.4%：1990年から73.1%：1999年へ増加する一方，コンビニエンス・ストアのシェアは，7.6%：1990年から4.6%：1999年へ減少した）などである．本市場において，ブランドによる競争から価格プロモーションによる競争へと変化し，ブランド力を背景に成長してきた上位製品の売上が低迷する一方，積極的な価格プロモーションにより下位製品が台頭してきたことを，qの変化はよく捉えている（たとえば，ブランド力があり，売上順位第1位である愛媛県農協「ポンジュース1L」の100世帯当たりの購買金額は，20,681円：1990年→4,312円：1999年へ減少した）．

6.3.4　ポートフォリオ戦略への提案

　新製品の発生確率pと製品の非対称な成長率を規定する魅力度qに注目して市場を類型化し，具体的な事例を用いて説明してきた．この試みは，マーケティング戦略への有益な提案を導き出す．すなわち，企業の多くは，ひとつの市場においてのみ活動を行っているわけではなく，複数の市場において複数の製品を展開する．ここで，製品の発生と成長という任意の市場に共通である視点に依拠するこ

とにより，複数の市場を直接比較することができる．これにより，有限である企業資源をどの市場において，どのように展開すべきかの示唆が得られる．具体的には以下の通りである．

（a）保守的市場

　本市場では，上位製品の売上成長率が相対的に高く，新製品の投入が容易ではない．このため，上位製品を有することが重要である．上位製品を有する企業は，その製品にマーケティング投資を集中すべきである．一方，有力な製品を保有しない企業にとって，本市場は魅力的ではない可能性が高い．積極的なマーケティング投資によって，上位製品を育成するか，もしくは撤退するかを決断するべきであろう．

（b）繁栄市場

　新製品がさかんに投入され，また上位製品の売上成長率も高い．市場が成長過程にあることが多いため，魅力的であると同時に，競争も厳しい．このため，成功しようとする企業は，新製品の開発と既存製品への投資とを同時かつ積極的に行う必要がある．

（c）使い捨て市場

　新製品の投入が容易である一方，上位になるに従って製品の成長率が鈍化する．このため，売上規模が大である強力な製品を有することの意義は大きくはない．ここでは，いかなる企業であれ，新製品の開発に留意すべきである．たとえ，有力な製品を有しており，それとのカニバリゼーションが懸念されるとしても，新製品の投入を躊躇すべきではない．

（d）停滞市場

　本市場は，衰退傾向にあることが多いため，市場そのものは魅力的でないことが多い．上位製品を有している企業は，その魅力を低

下させない程度にはマーケティング投資を行う必要がある一方，上位製品を保有しない企業は，刈り取りまたは撤退を念頭におく必要があろう．

6.4　まとめ

前章までにおいて，Mandelbrotモデルによって表現される普遍的な構造が，あまねくパッケージ財市場に存在すること，シミュレーション・モデルにおいてパラメーターpおよびqを与えたとき，普遍的な市場構造が出現することを明らかにした．本章においては，任意のパッケージ財市場を記述・分析できる指標としてpとqに注目し，その戦略的な含意を検討した．具体的には，まず，pとqに注目した市場の記述・分析と，市場に対する一般的な認識とが合致することを事例により示した．さらに，製品の発生と成長という視点から市場を分析することにより，戦略的な提案を導出した．すなわち，pとqについて，経験的な視点から検討することによって，その妥当性を確かめた．さらに，戦略的な示唆を導出することによって，その有用性を示した．

80/20法則は，普遍的な市場構造を表現する．そして，p（製品の発生確率）およびq（製品の成長性を表現）から，任意のパッケージ財市場において80/20法則に従う構造が出現する．これにより，製品の発生と成長という統一的な視点から市場を記述・分析することは，実務的かつ理論的な妥当性が高い．

既存の市場構造分析においては，特定の市場において用いられた手法を，他の市場において用いることは可能である場合が多いものの，ある市場から得られた分析結果と他の市場から得られた分析結果を，横断的に直接比較できる手法は少なかった．ここで，新製品の発生確率と製品の魅力度とを用いることにより，横断的かつ時系列的に市場を直接に比較分析することが可能となる．一方，産業組織論において用いられるジニ係数，ハーフィンダル指数などの市場

集中度の測定手法は，市場間の比較が可能な僅かな例である．しかしながら，これらの手法がマーケティング研究・実務において用いられることは稀である．さらに，p（製品の発生確率）とq（製品の非対称な成長性を表現）を導出したシミュレーション・モデルにおいて，特定の関数とルールとを考えている点で，本手法はこれらの手法より優れている．すなわち，80/20法則は普遍的な市場構造であること，パラメーターpとqから任意のパッケージ財市場において80/20法則に従う構造が生成されること，これにより，pとqに注目して製品の発生と成長という統一的な視点から市場を記述・分析することは，実務的かつ理論的な妥当性が高い．

7 結論と展望

7.1 結論

　市場においては，様々な消費者や企業が自由に行動する．そして，消費者や企業の行動は市場に応じて異なり，また時間的にも変化する．このため，消費者行動と企業行動の集積である市場は，市場に応じて異なり時間的に変化する．それにもかかわらず，消費者行動や企業行動の差異，市場間の差異，さらには時間的な変化を超えた普遍的な構造ないし秩序を観察できる．このとき，それはどのようなものなのか，どのように生成されるのかという疑問が生じる．

　普遍的な秩序を考察した知見として，複雑系研究におけるべき乗則が挙げられる．べき乗則は，様々な自然科学・社会科学分野において適用されてきたものの，マーケティング分野において注目されることは稀であった．本書においては，マーケティング現象をべき乗モデルに適合させることにより，パッケージ財市場における普遍的な構造を考察した．具体的には，まず，市場の普遍的な構造を観察し，べき乗モデルによる数理モデルをあてはめた．次に，市場の普遍的な構造を創発するシミュレーション・モデルを構築し，市場の構造を人工的に生成した．これにより市場構造が生成されるメカニズムを明らかにした．最後に，経験的な視点から，シミュレーション・モデルの妥当性を検討した．

　第3章においては，パッケージ財市場において，普遍的な構造を観察できることを明らかにした．具体的には，80/20法則が頻度分布ないし順位と規模との関係として表現できることから，製品の順位と規模の関係にZipfモデルをあてはめた．そして，パッケージ財16市場×2期間から得られたホーム・スキャン・パネル・データを

用いて，データに対するモデルの適合性を検討した．分析結果によれば，いずれの市場・期間においても，また，全ての製品を対象とした場合・規模のごく小さい製品を除去した場合においても，モデルの適合度は良好であった．すなわち，パッケージ財市場における普遍的な構造として，製品の順位と規模との関係がZipfモデルによって表現できることが明らかになった．

　一方，Zipfモデルを製品の規模と順位の関係に適用する場合の問題点も明らかになった．すなわち，Zipfモデルにおいては，順位（対数）と規模（対数）の関係が線形であると考える．しかし，観察によれば，両者を上に凸の関数によって表現するほうが適当であると考えられた．そこで，第4章においては，製品の順位と規模の関係に，Zipfモデルの一般型であるMandelbrotモデル（SCL: simplified canonical law）をあてはめた．そして，パッケージ財13市場×10年間から得られたホーム・スキャン・パネル・データを用いて，データに対するモデルの適合性を検討した．このとき，いずれの市場・期間においても，モデルの適合度は良好であった．すなわち，パッケージ財市場における普遍的な構造として，製品の順位と規模の関係がMandelbrotモデルによって表現できることが明らかになった．

　次に，Mandelbrotモデルにおけるパラメーターの含意を考察した．具体的には，パラメーターaは，製品の市場集中度および新製品の発生率に関連し，パラメーターkは，製品の成長率に関連すると解釈された．これは，データ分析の結果からも支持された．

　そこで，第5章では，新製品の発生確率と製品の売上成長率に注目したシミュレーション・モデル「普遍的な市場構造の生成モデル」を構築し，普遍的な秩序が創発するメカニズムを考察した．まず，Mandelbrotモデルにおいてパラメーターaおよびkが，それぞれ新製品の発生および製品の売上成長に関係することに注目し，以下の局所的ルールを考えた．ポワソン分布に従って需要が発生する．このとき，確率pで新製品が発生し，新たな売上1単位を獲得する．一方，確率（1-p）で，既存製品が追加的な売上1単位を獲得する．

そして，既存製品の売上成長率は，製品の魅力度qに依存する．

　次に，モンテカルロ・シミュレーションにより，製品の売上分布を生成した．このとき，観察データの売上分布と，シミュレーションから発生した人工データの売上分布は，よく一致した．観察データは，Mandelbrotモデルによく適合することから（第4章），シミュレーション・モデルから発生した人工データも，Mandelbrotモデルによく適合することになる．これより，シミュレーション・モデルによって，Mandelbrotモデルで表現される製品の順位と規模の関係が生成されることが示された．

　さらに，任意のp, qについて，モンテカルロ・シミュレーションによって人工データを生成したとき，Mandelbrotモデルで定式化される80/20法則に適合するデータが生成されることを確かめた．すなわち，需要が確率的に発生し，製品が確率的に発生・時間の経過に従って確率的に成長するとき，市場の普遍的な構造が常に出現することが明らかにされた．この結果は以下を意味する．

　市場は，一見して自由で無秩序であるにもかかわらず，あまねく市場において80/20法則に従う普遍的な構造が存在する．そして，製品が確率的に発生・時間の経過に従って確率的に成長するという局所的ルールを与えたとき，（新製品の発生確率や製品の成長率にかかわらず）80/20の法則という普遍的なマクロ現象が決定論的に生成される．パラメーターの値を外的に操作することなしに普遍的な構造に至るという点で，80/20法則は自己組織的，すなわち内在的・自発的に出現する．ここで，製品が確率的に発生・時間経過に従って確率的に成長することは，市場における当然の現象である．これにより，80/20法則で表現される構造は，市場における必然の帰結であることになる．

　第6章においては，任意のパッケージ財市場を記述・分析する指標として，パラメーターpおよびqに注目し，その戦略的な含意を検討した．具体的には，まず，パラメーターpおよびqに注目した市場の記述・分析と，市場に対する一般的な認識とが合致すること

を，事例を用いて示した．さらに，製品の発生と成長という視点から市場を分析することにより，戦略的な提案を導出した．本章においては，新製品の発生確率pと，製品の魅力度qによって決定される成長率について，経験的な視点から検討することによって，局所的ルールとそれに基づくシミュレーション・モデルの妥当性を確かめた．また，戦略的な示唆を導出することによって，その有用性を示した．なお，製品の魅力度qによって決定される成長率とは，製品規模の大小に依存した，製品間で異なる非対称な成長率であることに注意したい．すなわち，製品が時間経過に従って成長するとき，ある市場において，製品規模が大である製品の成長率が相対的に高い一方，別の市場では製品規模が小である製品の成長率が相対的に高いなど，製品規模の大小に依存した非対称な成長率を市場ごとに観察できる．

7.2 意義と今後の課題

既存のマーケティング研究において，個別市場を分析する多くの手法が提示されてきた．一方，市場の普遍的な性質に注目し，明示的にあまねく市場を分析することを試みた研究は稀であった．本研究におけるこうした試みは，新たな視点を提供するという点で，マーケティング論へ僅かなりとも貢献できるだろう．

既存のマーケティング研究においては，以下のような視点が支配的である．すなわち，対象（市場，企業，製品など）間の差異や異質性に注目する研究，対象や刺激を要素に還元する要素還元主義的な研究，対象から特定の反応を引き出すため，どのような刺激を与えるべきかという刺激反応型の研究などである．一方，あまねく市場・企業・製品を対象に，そこに存在するかもしれない普遍的な構造に関心が向けられることはほとんどなかった．さらに，市場や製品の持つ自己組織的な性質に注意が払われることも稀であった．

本書において，市場の普遍的な構造を観察し，その生成メカニズ

ムを明らかにしたことは意義深い．それは，普遍的・全体的な視点から市場を考察することにより，局所的・要素還元主義的な研究が中心であるマーケティング研究に対して，新たな視点を提供するからである．

　また，実務的な意義として，任意のパッケージ財市場を分析し，かつ比較できる手法を提示したことが挙げられる．すなわち，既存の市場構造分析においては，特定の市場において用いられた手法を，他の市場において用いることは可能である場合が多いものの，ある市場から得られた分析結果と他の市場から得られた分析結果を，横断的に直接比較できる手法は少なかった．ここで，新製品の発生確率と製品の魅力度とを用いることにより，横断的かつ時系列的に市場を直接に比較分析することが可能となる．一方，産業組織論において用いられるジニ係数，ハーフィンダル指数などの市場集中度の測定手法は，市場間の比較が可能な僅かな例である．しかしながら，これらの手法がマーケティング研究・実務において用いられることは稀である．さらに，パラメーター p（製品の発生確率）と q（製品の非対称な成長性を表現）を導出したシミュレーション・モデルにおいて，特定の関数とルールとを考えている点で，本手法はこれらの手法より優れている．すなわち，80/20法則は，市場における普遍的な構造を表現していること，パラメーター p および q から任意のパッケージ財市場において80/20法則に従う構造が生成されることから，パラメーター p と q に注目して製品の発生と成長という統一的な視点から市場を記述・分析することは，実務的かつ理論的な妥当性が高いことを強調したい．

　べき乗法則にかかわる研究は，べき乗モデルを数学的に考察しようとする研究（Haitum 1982など）と，べき乗法則を現象面から考察し，現象に即した含意や生成メカニズムを明らかにしようとする研究（Simonらによる一連の研究やGuseyn-Zade 1977など）とに大分される．前者については多くの研究が継続的になされてきた．一方，都市経済学や書誌学などを除くと，後者は注目を集めてきたとは言い難い．

本研究において，市場現象におけるべき乗法則を見出し，そのマーケティング的な含意や生成メカニズムを考察したことは，べき乗法則の研究領域を拡大させることに僅かなりとも貢献した点で意義がある．

　今後の課題として，①モデルを精緻化すること，②より豊かな戦略的含意を導出することが挙げられる．後者として，事例研究を積み重ねることにより，パラメーターpとqの値やその経年変化と，市場における具体的な現象との対応を，より精緻に考察することなどが挙げられる．

　一方，前者として，動的なメカニズムをモデルに取り入れることなどが挙げられる．具体的には，以下の通りである．まず，新製品の発生確率pと製品の魅力度qの関係に注目することにより，製品の発生と成長の関係をモデルに取り入れる．ある新製品の発生は，他の製品の成長にどのような影響を与えるのか，さらに，製品の成長は，次代の新製品の出現にどのような影響を与えるのかを考察する．すなわち，製品の発生と成長の連鎖のメカニズムを明らかにする．さらにこれを発展させ，パラメーターpとqの経年変化のメカニズムを考察することも課題として挙げられる．

　そして，このとき，消費者と企業の市場を通じた相互作用を考慮することが有用となる．それは，上述の課題においては，マーケティング現象の相互関連性に注目していること，そうした全体的な視点からメカニズムを考察するためには，複雑系研究の知見が有用であること，さらに，市場とそこで行動する消費者や企業を複雑系として捉えることができること，そこでは，消費者と企業の相互作用が中心的な関心となることによる．

補遺

A1　比例効果の法則

　比例効果の法則とは，規模が同一である要素（たとえば，都市・企業・製品など）の集団を考えたとき，その集団の規模（すなわち，要素の規模の総和）のある一定期間にわたる変化率の分布が，すべての規模集団に関して同一となることをいう．すなわち，規模の変化についての確率分布が与えられたとき，すべての規模の集団は，同一の確率分布を有する（第A1-1図）．具体的には，たとえば，資産が10億ドルの企業群のなかから無作為に選ばれる企業と，資産が100万ドルの企業群から無作為に選ばれる企業とが，20%の成長をとげる確率は等しい．

　なお，Simon and Bonini（1958）は，企業の成長について，（ある臨界的な最小規模を上回る）企業の規模が，現在の規模に比例して成長する，すなわち比例効果の法則が成立する理論的背景として，規模に対する収穫不変が近似的に成立することを挙げた．しかし，PIMSデータを用いた研究によれば，企業規模が増大するに従って，単位当たりの生産費用は減少する（Buzzel, 1981）．本書における分析結果によれば，市場により異なることが示唆される．

第A1-1図
比例効果の法則

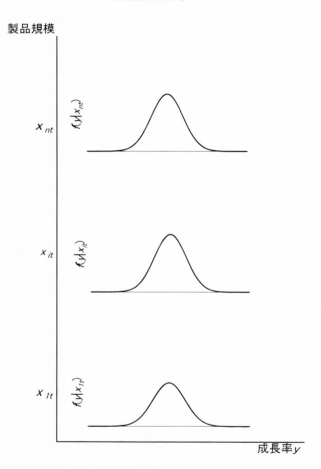

x_{it}：時点 t における製品 i の規模
$f(y|x_{it})$：規模を指定したときの成長率の分布

A2 階層構造モデル

　階層構造モデル（3.2.2）において，監督者・従業員を製品と捉え，監督者と従業員との階層関係を製品間の階層的な依存関係と考えたときの，具体的な数式展開を以下に示す．

　まず，製品規模を$S*$, $2S*$,…, $nS*$のn個の階級に分ける．ただし，$S*$はある一定の売上規模であり，nは正の整数である．このとき，規模$nS*$の製品は，その規模を獲得・維持するために，規模$(n-1)S*$の製品をm_n-1個必要とすると仮定する（第A2-1図）．

第A2-1図　製品間の階層的な依存関係

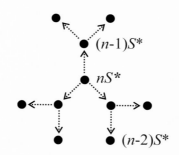

　いま，規模が$\lambda S*$である製品の個数を$N(\lambda)$とすれば，

$$N(2) = 1/m_1 N(1),$$
$$N(3) = 1/m_2 N(2),$$
$$\cdots$$
$$N(\lambda) = 1/m_{\lambda-1} N(\lambda-1),$$
$$\cdots$$
$$N(n) = 1/m_{n-1} N(n-1) \quad \text{(A2-1)}$$

となる．ただし，$m_\lambda > 1$である．従って，

$$N(n) = (1/\prod_{\lambda=1}^{n-1} m_\lambda)N(1) \qquad (\text{A2-2})$$

となる．いま，ここで，

$$m_\lambda = \left(\lambda + 1\middle/\lambda\right)^\alpha \qquad (\text{A2-3})$$

を仮定する．ただし，$a>0$である．このとき，（A2-2）式と（A2-3）式から，

$$N(\text{n}) = N(1)\left\{\frac{1}{\left(2\middle/1\right)^\alpha \left(3\middle/2\right)^\alpha \cdots \left(n\middle/n-1\right)^\alpha}\right\} \qquad (\text{A2-4})$$

を得るから，

$$N(n) = N(1)n^{-\alpha} \qquad (\text{A2-5})$$

となる．ここで，規模が大である順に製品を数えたとき，規模 $\lambda\,S*$ である製品の順位のうち最大（最下位）の順位 $R(\lambda)$ は，

$$R(\lambda) = \sum_{n=\lambda}^{\infty} N(1)n^{-\alpha} \qquad (\text{A2-6})$$

である．ここで，λ が大きければ，

$$R(\lambda) \fallingdotseq \int_\lambda^\infty N(1)n^{-\alpha}\,dn \qquad (\text{A2-7})$$

なので，

$$R(\lambda) = \left(\frac{1}{\alpha-1}\right)N(1)\lambda^{-(\alpha-1)} \qquad (\text{A2-8})$$

を得る．製品規模 $\lambda\,S*$ を S とすれば，

$$\lambda = S/S^* \qquad \text{(A2-9)}$$

となる．これを（A2-8）式へ代入すれば，

$$R(\lambda) = \left(\frac{1}{\alpha-1}\right)N(1)\,S^{*(\alpha-1)}S^{-(\alpha-1)} \qquad \text{(A2-10)}$$

となる．規模が最大である順に製品を並べたときの，$R(\lambda)$を規模がSである製品の順位番号Rと考え，また，

$$b = \left(\frac{1}{\alpha-1}\right)N(1)\,S^{*(\alpha-1)} \qquad \text{(A2-11)}$$

とすると，（A2-10）式は，

$$R = bS^{-(\alpha-1)} \qquad \text{(A2-12)}$$

となる．ここで，

$$a = 1/(\alpha-1) \qquad \text{(A2-13)}$$
$$B = b^{1/(\alpha-1)} \qquad \text{(A2-14)}$$

とすると，

$$S = BR^{-a} \qquad \text{(A2-15)}$$

ただし，

$$R：製品の順位，$$
$$S：製品の規模$$

となり，（A2-15）式はべき乗法則を示している．

　すなわち，製品間の依存関係，具体的には，規模nS^*の製品が規模$(n-1)S^*$の製品をm_{n-1}個必要とするという局所的（local）なルールを仮定したとき，市場において，製品の順位と規模とがべき乗法則

に従う大域的（global）な構造が出現する.

　最後に，パラメーターaと製品間の依存関係との関係を考察する. 前述のように，規模nS^*の製品は規模$(n-1)S^*$の製品をm_{n-1}個必要とする. そして，（A2-3）式と（A2-13）式より，

$$m_{\text{n-1}} = \left(n \middle/ n-1 \right)^{\frac{1}{a}+1)} \qquad \text{(A2-16)}$$

を得る. $n/(n-1) > 1$なのでこれを一定とすると，パラメーターaが大であるほど左辺は小となり，製品が依存する製品数は少なくなる. 一方，パラメーターaが小であるほど左辺は大となり，製品が依存する製品数は多くなる.

　事実，依存関係を結ぶべき製品の数が少ないと考えられる以下のような市場においては，パラメーターaの値は大きくなる. すなわち，容器・サイズ・フレーバーなどのバリエーションの少ない市場（たとえば，ティッシュペーパー市場，バス用洗剤市場，台所用洗剤市場など），消費者が製品間の差異を認識しにくく，製品差別化が進んでいない市場（たとえば，ティッシュペーパー市場），市場細分化が進んでおらず，消費者の選好が特定の製品に集中するガリバー製品が存在する市場（たとえば，お茶漬けの素市場，コーラ市場）などである.

　一方，依存関係を結ぶべき製品の数が多いと考えられる以下のような市場においては，パラメーターaの値は小さくなる. すなわち，容器・サイズ・フレーバーなどのバリエーションの多い市場（たとえば，芳香剤市場，歯磨き市場，レギュラーコーヒー市場），消費者が製品間の差異を認識しやすく，製品差別化が進んでいる市場（たとえば，シャンプー市場，ヘアスプレー市場），市場細分化が進んでいる消費者の選好が特定の製品に集中せずガリバー製品が存在しない市場（たとえば，果汁100%飲料市場）などである.

　依存する製品の多寡を認識することは，実務的にも有用である. それは，限られた資源の中で製品を展開するにあたって，多くの製品を多角的に展開すべきか，少数の製品に集中して展開すべきかを

示唆しているからである.

　なお，ここでは以下のことに注意したい．ここで重要なのは，規模 $nS*$ の製品が規模 $(n-1)S*$ の製品を m_{n-1} 個必要とするという具体的な数値ではなく，製品間に依存関係が存在すること，パラメーター a は製品間の依存関係の程度を示していること，そのとき必要とする製品数は市場に応じて異なることである.

註釈

1 秩序とは，組織や集団における特定のパターンである（Broom, Selznick and Broom 1981）．

2 こうした問題意識は，広く共有されている．たとえば，塩沢（1997）は，市場には中心がなく，全体を指令するものがなく，各主体の判断に任せながら，市場経済はなぜ機能していくのかと述べている．また，青山他（2007）は，企業の自由な行動と市場における一定の秩序について，「企業たちの興亡というダイナミクスは，まったくでたらめではなく，そこにはあるパターンが存在する」と述べている．

3 ホーム・スキャン・パネル・データによる．

4 日本では，20/80法則ともよばれる（水野2014）．

5 首都圏在住の世帯を対象としたホーム・スキャン・パネル・データによる．

6 その他，80/20法則で表現できる歪んだ構造は，たとえば，経営学分野における，VHS対ベータなど業界標準の獲得に向けた規格競争による「一人勝ち」現象（淺羽1995，岸田2000）と深くかかわっていると理解できる．

7 異質性が注目される背景として，マーケティング研究においては，個別企業の実務的課題を解決するために，特定の市場において，特定の製品や刺激を操作することによって競合に対して優位性を創出することが要請されてきたことが考えられる．

8 自己組織化ないし自己組織性とは，要素が相互作用することを通じて，秩序を形成することであり，外部から操作されることなく，自発的にシステムがある構造を形成し，秩序だった状態に発展することをいう（香取1997）．たとえば，細胞はシステム構造を自身で構築する．生物以外にも都市や経済そのものに見出せる（週刊ダイヤモンド編集部・ダイヤモンド・ハーバード・ビジネス編集部1997）．今田（1986）が詳しい．

9 方法論については，今田（1986）が詳しい．

10 具体的なイメージとしては，スーパーマーケットの店頭などで販売されている食品・飲料，日用雑貨品などである．

11 複雑系研究は，個別の研究領域を超えた，学問の運動と捉えることもできる（塩沢1997）．

12 石井（1993）は，個別の企業の思惑を超えた市場成果について考察している．

13 べき乗則の全てに共通するメカニズムは存在せず，異なるメカニズムが異なる対象におけるべき乗則を生成すると考えられる．ただし，全てのべき乗則が各自に固有のメカニズムを有しているわけではなく，同じメカニ

ムを共有することもある（青山他2007）.

14 2次元ボンド・パーコレーション・モデルが提示されたのは1957年であったものの，臨界確率の値は0.5であることが明らかになったのは，1980年であった．2次元サイト・パーコレーション・モデルの場合には，0.593の近傍であることが報告されているに過ぎず，厳密な値は未だ知られていない（今野1995）．このように，複雑系研究においては，明らかにされていないことが多い．

15 べき乗モデルにおけるモデル間の数学的な関係については，岸田（1988）が詳しい．

16 市場現象を観察するとき，要素としては製品以外にも企業・消費者などが考えられる．規模としては，製品であれば，売上高（売上金額・数量）や利益などが，また，企業であれば，売上金額・数量・シェア・利益・費用・資産・従業員数などが考えられる．

17 比例効果については補遺A1を参照のこと．

18 Simon（1955）は，あえてぞんざいな数式展開をするとした上で，その理由を，ここでのとりあえずの興味は証明よりも発見にあるからだと述べた．それもでなお，Fujita, Krugman and Venables（1999）は，この説明が難解であるとし，Simon（1955）が注目されなかった理由の一つとしている．

19 都市の規模を住民数で測るならば，複数の都市が同一の住民数を有する可能性は極めて低いため，都市に関しては，この仮定は妥当である．

20 高安（2004）は，パラメーターaは市場全体の成長に関連すると解釈している．aが大であるとき市場全体の成長は鈍化し，aが小であるとき市場全体の成長が高まるとしている．この議論は，Simon（1955）において，新たな要素の発生と既存の要素の成長が独立ではないことを示唆している．

21 淺羽（1995）は，これをデファクト・スタンダードの概念から説明している．

22 （3-14）式より，$a \cong 1-p$であるため，$0 \le a \le 1$となる必要がある．議論を先取りすると，後の分析において，製品全体にZipfモデルをあてはめたとき，全ての市場において$a>1$と推定された．これは，（製品全体を対象として）製品の順位と規模との関係に，Zipfモデルにあてはめることの問題点を示していよう．一方，実質的には流通しているとはいいがたい小規模の製品を除去し，同様のあてはめを行なったとき，全てのケースにおいて，$a<1$と推定された．3.2.1（要素の発生と成長に注目したモデル）の議論に基づけば，このことは，実質的に流通している製品のみを，Zipfモデルの分析対象とするべきであることを示唆する．

23 期間中に当該市場に属する製品を1回以上購買した世帯の比率をいう.

24 塩沢（1997）によれば，収穫逓増には4つの意味がある．すなわち，生産規模に関する規模の経済，結合範囲に関する範囲の経済，時間経過に関する学習の効果，さらに使用連結に関する連結の効果である．なお，連結の効果とは，あるものと別のものとの相互作用による効果である．

25 Porter（1980）は，競争市場における企業戦略として，コストのリーダーシップと差別化とを挙げた．このうち，ブランド研究の学術的・実務的な広がりと深さとが示すように，今日の競争市場においては，差別化戦略に代表される非価格競争が重視されよう．

26 Unique Selling Proposition の略．他の製品にはない，当該製品の差別的な優位点をいう．

27 複雑系研究の特徴のひとつとして，複雑な現象を考察するためのシミュレーション・モデルが挙げられる．そこで得られる結果や考察の中には，論理的に説明できないものも少なくないが，たとえ説明ができないとしても学術的な貢献であることは間違いない（塩沢1997）.

28 ノンパラメトリック統計については，Hajek（1969），Siegel（1956），Sprent（1981），柳川（1982）が詳しい.

29 ただし，計算能力の問題から，ビール市場の場合には，100世帯当たりの購買個数の1日平均の1/10の値を用いる．そして，製品の単価を10倍とした.

30 パラメーターqは任意の正の値をとり得るが，シミュレーションにあたっては，事前に適当な上限を定めた.

文献

Anderson, C. (2006), *The Long Tail: Why the Future of Business Is Selling Less of More*, Hachette Books（篠森ゆりこ訳（2014）『ロングテール「売れない商品」を宝の山に変える新戦略』早川書房）.

Bak, P. *How Nature Works: The Science of Self-Organized Criticality*, New York: Springer-Verlag Inc., 1996.

Blattberg, R. C., G. Getz, and J. S. Tomas (2001), *Customer Equity,* Harvard Business School Press.

Broom, L., P. Selznick and D. H. Broom (1981), *Sociology*, Harper & Row（今田高俊監訳（1987）『社会学』ハーベスト社）.

Buzzell, R. D. "Are there 'Natural' Market Structure?" *Journal of Marketing*, 45 (winter), 1981, 42-51.

Casti, J. L. (1998), *Would-Be Worlds: How Simulation is Changing the Frontiers of Science, New Ed.*, Wiley（中村和幸訳（1997）『複雑系による科学革命』講談社）.

Chen, Y. S. and F. F. Leimkuhler (1986), "A Relationship between Lotka's Law, Bradford's Law and Zipf's Law," *Journal of American Society for Information Science*, 37 (5), 307-314.

Dubinsky, A. J. and R. W. Hansen (1982), "Improving Marketing Productivity: The 80/20 Principle Revisited," *California Management Review*, 25 (1), 96-105.

Ehrenberg, A. S. C. (1988), *Repeat-Buying*, Charles Griffin & Company.

Elberse, A. (2008), "Should You Invest in the Long Tail?" *Harvard Business Review*, 86 (7/8), 88-96.

Epstein, J. M. and Axtell, R. (1996), *Growing Artificial Societies Social Science from the Bottom up*, Brookings Institution（服部正太・木村香代子訳（1999）『人口社会　複雑系とマルチエージェント・シミュレーション』共立出版）.

Fujita, M., P. Krugman, and A. J. Venables (1999), *The Spatial Economy: Cities, Regions, and International Trade*, MIT Press（小出博之訳（2000）『空間経済学——都市・地域・国際貿易の新しい分析』東洋経済新報社）.

Guseyn-Zade, S. M. (1977), "A Zipf-Type Formula for a Set of Noninteracting Urban Places," *Soviet Geography*, 8, 56-59.

Gutenberg, B. and C. F. Ridhter (1944), "Frequency of Earthquakes in California," *Bulletin of Seismological Society of America*, 34, 185-188.

Haitum, S. D. (1982), "Stationary Scientometric Distributions Part 1", *Scientometrics*, 4 (1), 5-25.

Haitum, S. D. (1982), "Stationary Scientometric Distributions Part 2",

Scientometrics, 4 (2), 89-104.

Haitum, S. D. (1982), "Stationary Scientometric Distributions Part 3", *Scientometrics*, 4 (3), 181-194.

Hajek, J. (1969), *A Course in Nonparametric Statistics*, Holden-day（丘本正・宮本良雄・古後楠徳訳（1974）『ノンパラメトリック統計学』日科技連）．

Hernandez-Perez, R., F. Angulo-Brown and D. Tun (2006), "Company size distribution for developing countries," *Physica A*, 359, 607-618.

Hise, R. T. and S. H. Kratchman (1987), "Developing and Managing a 20/80 Program," *Business Horizon*, 30 (September-October), 66-77.

Iacobucchi, Dawn ed. (1996), *Networking in Marketing*, Sage Publications.

Ijiri, Y. and Simon, H. A. (1964), "Business Firm Growth and Size," *American Economic Review*, 54 (March), 77-79.

Kikuchi, M. (1986), "The Rank-Size Rule of a Set of Cities with No or Weak Interaction: A Case Study in Japan",『東北地理』38 (3), 180-186.

Kim, B. J., V. Singh and R. S. Winer (2017), "The Pareto Rule for Frequently Purchased Packaged Goods: An Empirical Generalization," Marketing Letters, 28 (4), 491-507.

Kotler, P. (1997), *Marketing Management*, Prentice-Hall.

Krugman, Paul (1996), *The Self-Organizing Economy*, Blackwell Publishers, MA: Cambridge（北村行伸・妹尾美起訳（1997）『自己組織化の経済学　経済秩序はいかに創発するか』東洋経済新報社）．

Kumakura, H. (1999), "Observation of the Market Structure from the viewpoint of the Power Law," *Proceeding of the Second Asia-Pacific Conference on Industrial Engineering and Management Systems*, September 30, 1999, 749-752.

Kumakura, H. (2000a), "The Dependent Relationship among Products from the Viewpoint of the Rank-Size Rule," in *Proceedings of the Fifth Conference on the Association of Asia-Pacific Operational Research Societies within IFORS (APROS2000)*, July 7, 2000, CD-ROM.

Kumakura, H. (2000b) "Market Analysis illustrated by the Mandelbrot Model: the Rate of New Entry of the Product and the Expected Growth Rate of the Product," in *Proceedings of the 2000 New Zealand Operational Research Society Conference*, December 1, 2000, 105-114.

Kumakura, H. (2010), "Market Structure Analysis Using Birth and Asymmetric Growth of Products Based on a Mechanism of the 80/20 Law: Why and How the 80/20 Law Emerges," Bulletin of Research Institute of Commercial Sciences, 42 (2), 1-51.

Lotka, A. L. (1926), "The Frequency of distribution of scientific subjects," *Journal of the Washington Academy of Science*, 16 (12), 317-323.

Lowther, N. (1998), "Honor Students," *American Printer*, 220 (5), 32-36.

McAlister, L. and Pessemier, E. (1982), "Variety Seeking Behavior: An Interdisciplinary Review," *Journal of Consumer Research*, 9 (4), 311-322.

McCarthy, D. and R. S. Winer (2018), The Pareto Rule in Marketing Revisited, Available at SSRN: https://ssrn.com/abstract=3264425 or http://dx.doi.org/10.2139/ssrn.3264425.

Onodera, N. (1988), "A Frequency Distribution Function Derived from a Stochastic Model Considering Human Behavior and Its Comparison with an Empirical Bibliometric Distribution," *Scientometrics*, 14 (1/2), 143-159.

Pascoal, R., M. Augusto and A. M. Monteiro (2016), "Size distribution of Portuguese firms between 2006 and 2012," Physica A, 458, 342-355.

Peppers, D. and M. Rogers (1999), *The One to One Manager*, Random House.

Perez-Mesa, J. C., and E. Galdeano-Gomez, (2009), "Company Size Distributions as Economy Aggregated Indicators," *Research in Applied Economics*, 1 (1), 1-12.

Quandt, R. E. (1966), "On the Size Distribution of Firms," *American Economic Review*, 56 (September), 416-432.

Ramsden, J.J. and G. Kiss-Hayppl (2000), "Company size distribution in different countries," Physica A, 277, 220-227.

Rosen, K. T. and M. Resnick (1980), "The Size Distribution of Cities: An Examination of the Pareto Law and Primacy," *Journal of Urban Economics*, 8, 165-186.

Scheling, T. (1978), Micromotives and Macromotives, W. W. Norton.

Schmittlein, David C., L. G. Cooper, and D.G. Morrison, (1993), "Truth In Concentration in the Land of (80/20) Law," *Marketing Science*, 25 (2), 167-183.

Sheth, J. N. and A. Parvatiyar eds. (2000), *Handbook of Relationship Marketing*, Sage Publications.

Sheth, J. N., D. M. Gardner and D. E. Garrett (1988), *Marketing Theory and Evaluation*, John Wiley & Sons, Inc.（流通科学研究会訳（1991）『マーケティング理論への挑戦』東洋経済新報社）．

Siegel, S. (1956), *Nonparametric Statistics: For the Behavioral Sciences*, McGraw-Hill Book（藤本熙監訳（1983）『ノンパラメトリック統計学』マグロウヒルブック）．

Simon, H. A. (1955), "On a Class of Skew Distribution Functions," *Biometrika*, 42 (December), 425-440.

Simon, H. A. and C. P. Bonini (1958), "The Size Distribution of Business Forms,"

American Economic Review, 48 (September), 607-617.

Sprent, Peter (1981), *Quick Statistics: An Introduction to Non-Parametric Methods*, Penguin Books（加納悟訳（1985）『ノンパラメトリック統計入門』啓明社）.

Wolf, B. P. (1996), *"Customer Specific Marketing,"* Teal Books（上原征彦監訳・中野雅司訳（1998）『顧客識別マーケティング』ダイヤモンド社）.

Zipf, G. K. (1946), "The P1P2/D Hypothesis: On the Intercity Movement of Persons," *American Sociological Review*, 11 (6), 677-686.

Zipf, G. K. (1949), *Human Behavior and the Principle of Least Effort*, Addison-Wesley.

青木幸弘（1992）「消費者情報処理の理論」大澤豊他『マーケティングと消費者行動－マーケティング・サイエンスの新展開』有斐閣.

青山秀明・家富洋・池田裕一・相馬亘・藤原義久（2007）『パレート・ファームズ』日本経済評論社.

淺羽茂（1995）『競争と協力の戦略』有斐閣.

阿部周造（1984）「消費者情報処理理論」，中西正雄他『消費者行動分析のニュー・フロンティア　多属性分析を中心に』誠文堂新光社.

石井啓豊（1990a）「大学図書館蔵書の重複分布とZipfの法則について」『図書館学会年報』36（3），97-107.

石井啓豊（1990b）「我が国の大学蔵書に関する順位規模分布について」『図書館界』42（4），246-251.

石井淳蔵（1993）『マーケティングの神話』日本経済新聞社.

井庭崇・福原義久（1998）『複雑系入門』NTT出版.

今田高俊『自己組織性－社会理論の復活－』創文社，1986年.

上原征彦（1986）『経営戦略とマーケティングの新展開』誠文堂新光社.

植草益（1982）『産業組織論』筑摩書房.

宇野裕之（2006）「ウェブグラフ－その性質と利用」『オペレーションズ・リサーチ』51（12），757-763.

香取眞理（1997）『複雑系を解く確率モデル』講談社.

岸田和明（1988）「ビブリオメトリクスの法則間の類似関係から導かれるBradfordの数式表現」『Library and Information Science』26，55-65.

岸田民樹（1998）「複雑系と組織論」『経済科学』46（2），1-14.

岸田民樹（2000）「複雑系と企業経営」，岸田民樹・史世民編『変革時代の企業経営』名古屋大学経済学部付属国際経済動態研究センター.

北中英明（2005）『複雑系マーケティング入門』共立出版.

木村和範（2005）「パレート指数とその数学的含意」『北海学園大学経済論集』52（4），51-65.

熊倉広志（1993）「ブランド情報処理の相互作用モデル－市場多様化をめぐる消費者行動と企業行動の相互作用の考察－」『季刊マーケティングジャーナル』13（3），36-45.

熊倉広志（1999a）「広告構造の生成メカニズムの考察－複雑系研究の視点から－」『日経広告研究所報』183，20-24.

熊倉広志（1999b）「ポジティブ・フィードバックに注目した広告構造の生成メカニズムの考察」『広告科学』39，137-142.

熊倉広志（2001）「シミュレーションによる大域的な市場構造の創発メカニズム」日本マーケティング・サイエンス学会研究奨励審査委員会審査員特別賞受賞論文.

熊倉広志（2002a）「構成モデルによる大域的なマーケティング現象の考察」，『城西国際大学紀要』10（1），49-63.

熊倉広志（2002b）「20/80の法則の形成メカニズムに注目したパッケージ財市場の分析」『流通研究』5（1），47-59.

今野紀雄『確率モデルって何だろう』ダイヤモンド社，1995年.

塩沢由典（1997）『複雑系経済学入門』生産性出版.

週刊ダイヤモンド編集部・ダイヤモンド・ハーバード・ビジネス編集部（1997）『複雑系の経済学』ダイヤモンド社.

杉田善弘・水野誠・八木滋・河本茂樹（1993）「ホームスキャン・データを用いた広告・プロモーション効果の分析」社団法人日本オペレーションズ・リサーチ学会マーケティング・サイエンス研究部会発表，1993年6月14日.

鈴木啓祐（1972）「都市人口の分布の型とその発生機構について―都市人口密度への対数正規分布のあてはめ―」『流通経済論集』7，25-41.

財団法人全日本コーヒー協会（1993）『コーヒーの需要動向に関する基本調査（1992年第6回調査）』.

高阪宏行（1978）「都市規模分布の動態的分布―新潟県を事例として―」『地理学評論』51（3），223-234.

高安秀樹（2004）『経済物理学の発見』光文社.

週刊ダイヤモンド編集部・ダイヤモンド・ハーバード・ビジネス編集部編（1997）『複雑系の経済学　入門と実践』ダイヤモンド社，.

中井豊（1998）「インターネットにおけるホームページの成長現象とそのメカニズムについて」『情報通信学会誌』16（1），59-66.

中西正雄（1984）「消費者行動の多属性分析」中西正雄他『消費者行動分析のニュー・フロンティア　多属性分析を中心に』誠文堂新光社.

中村博（2006）「コラボレイティブCRM」『専修ビジネス・レビュー』1（1），31-40.

　日置弘一郎（1998）『「出世のメカニズム　＜ジフ構造＞で読む競争社会」講談社.

　水野誠（2014）『マーケティングは進化する　改訂第2版』同文館出版.

　武者利光（1980）『ゆらぎの世界　自然界の1/fゆらぎの不思議』講談社.

　山口昌哉（1994）「問題提起にこたえて」『組織科学』28（2），13-23.

　山本啓三・宮島佐介（2001）「日本の高額納税額のべき乗則について」『理論と方法』16（1），133-138.

　柳川堯（1982）『ノンパラメトリック法』培風館.

著者略歴
熊倉広志（くまくら　ひろし）
　早稲田大学商学部卒業，筑波大学大学院修士課程経営・政策科学研究科修了，東京工業大学大学院博士後期課程社会理工学研究科修了，博士（学術）．
　専修大学商学部などを経て、現在、中央大学商学部教授．この間、ノースウエスタン大学ケロッグ・スクール・オブ・マネジメント客員研究員，ニューヨーク大学スターン・スクール・オブ・ビジネス客員研究教授など．

市場はなぜ いつも歪んでいるのか
2023 年 5 月 10 日初版第 1 刷発行

著　者　熊倉広志

発行者　柴田眞利

発行所　株式会社西田書店
〒 101-0065 東京都千代田区西神田 2-5-6 中西ビル 3F
Tel 03-3261-4509 Fax 03-3262-4643
http://www.nishida-shoten.co.jp

印刷・製本　株式会社エス・アイ・ピー